지구를 구하는 가계부

따라 하다 보면 돈이 쌓이는 친환경 소비 라이프

지구를 구하는 가계부

최다혜·이준수 지음 | 구희 그림

미래의창

프롤로그

활력 넘치게 살고 싶다. 돈 때문에 불안하고 싶지 않다, 지구를 가만히 내버려두었으면 좋겠다. 우리 부부가 원하는 건 단지 이 세 가지였다. 우리는 두 아이를 키우며 직장 생활을 하느라 몹시 에너지가 부족했고, 돈은 원하는 거주지에 갈 수 있을 만큼 충분치 않았으며, 주변에 조용히 산책할 만한 괜찮은 자연도 계속 사라지고 있었다. 만성피로는 현대인의 고질병이요. 20대에 결혼해서 4인 가구를 꾸렸으니 돈이 없는 것은 그러려니 할 수 있다. 그러나 유일한 취미인 느긋한 산책마저 방해받는 상황은 우리를 점점 궁지로 몰아넣는 것 같았다.

천지신명의 조화로 아이들이 일찍 곯아떨어진 어느 저녁, 우리 부부는 맥주 두 캔을 따 나란히 뉴스를 보았다. 가벼운 기분으로 보기 시작한 뉴스는 곧 우리의 얼굴을 어둡게 만들었다. 세상에는 온갖 나쁜 일들이 계속되고 있었다. 그날 우리가 가장 민감하게 반응한 소식은 '쓰레기 대란'이었다. 중국이 더 이상 외국의 비닐과 플라스틱 폐기물을 받지 않으니, 한국의 아파트 단지 내에서 재활용품 수거가 원활하지 않을 수 있다는 내용이었다.

처음에는 그런가 보다 했지만 따져볼수록 이상했다. 중국이 폐플라스틱을 수입하지 않는 것과 우리 아파트의 재활용품 수거가 안 되는 것이 무슨 상관인가? 그럼 한국은 자국민이 배출한 폐기물을 스스로 처리할 능력이 없다는 뜻인가? 다음 날, 엘리베이터 옆 아파트 게시판에는 "수거 업체가 당분간 재활용품을 가져가지 않게 되었으니 다소 불편하더라도 양해 바랍니다"라는 낯선 공고가 붙어있었다. 뉴스는 현실이 되었다.

솔직히 밝히자면 우리는 환경 보호에 나름 자신 있었다. 거창한 봉사활동을 해서가 아니라, 지난 몇 년간 미니멀리즘을 실천하며 물건을 최소한으로 유지했기 때문이다. 또한 물건을 오래 썼다. 중고 거래를 비롯해서 다른 사람에게 양도받는 물건도 부끄러워하지 않았다. 아이들 옷부터 빨래 건조대까지 아는 사람이 준다고 하면 빵이나 과일을 답례품으로 준비해서 넙죽 받았다. 물건은 버리는 순간 쓰레기가 되므로 최대한 오래 사용하는 것이 미덕이라고 생각했다. 미니멀리즘은 쾌적한 공간 활용과 가계 경제에 도움이 되었고, 우리 부부의 성향과도 잘 맞았다.

나는 재활용품 분리수거를 의심해본 적이 없었다. 종이, 플라스틱, 유리, 캔을 종류별로 나누어 분리배출 원칙에 따라 버리기만 하면 우리 가정의 쓰레기는 깨끗이 사라졌다. 나는 그것으로 시민의 의무를 다했다고 믿었다. 그러나 나의 안일한 마음은 중국이 전 세계의 재활용 쓰레기를 받아줄 동안에만 지속 가능한 것이었다. 더구나 중국 정부는 비닐과 플라스틱에 이어 향후 재활용 쓰레기 수입 항목을 축소할 것이라고 발표했다.

재활용 수거장에 적치된 쓰레기에서는 악취가 풍겼고, 시커먼 똥파리가 날아다녔다. 나는 무기력함을 느꼈다. 쓰레기 처리 시스템이 마비되는 것과는 별개로, 우리 가족의 삶은 계속되고 있었다. 사람은 먹고, 쓰고, 버린다. 숨쉬는 것과 마찬가지로 자원과 에너지를 소모하는 것이다.

　배출되지 못한 재활용품이 상자 가득 쌓였다. 우리 집에는 더 이상 폐품을 쌓아놓을 만한 공간이 없었기 때문에 추가로 쓰레기를 만들지 않아야 했다. 그것이 유일한 방법이었다. 하지만 어떻게 대처해야 할지 감이 오지 않았다. 여전히 아이들은 편의점에서 달걀 모양 케이스에 든 초콜릿을 사달라고 졸랐고, 된장찌개에 넣을 두부를 사면 직육면체 모양의 플라스틱이 딸려 왔다. 이대로 세상은 쓰레기 때문에 멸망하는 것인가? 쓰레기 멸망 시나리오에는 우리 가족도 일정 부분 책임이 있었다. 우리는 침울한 심정으로 쓰레기 대란이 매듭지어가는 상황을 주시했다.

　며칠 뒤 아파트 분리수거장은 깨끗이 비워졌다. 지방 정부에서 예산을 투입하여 수거 업체와 합의한 결과였다. 우리 집도 간만에 말끔해졌다. 드디어 과거의 익숙함으로 돌아간 것이다. 그런데 우리는 돌아가고 싶지 않았다. 재활용품 수거가 재개된 것은 일시적인 미봉책에 불과했다. 근본적으로 우리의 일상을 바꾸지 않으면 쓰레기 대란은 언제든지 재발할 수 있다. 쓰레기 처리 시스템을 모르는 상태에서 저지르는 어리석음과 알고도 실천하지 않는 외면은 전혀 달랐다. 공기를 의식해야만 느낄 수 있는 것처럼 처음으로 플라스틱을 의식하며 살아보았다.

배움 없이 실천할 수는 없기에, 먼저 공부하고 행동한 사람들의 책을 읽었다. 플라스틱 없이 살아가는 가족의 이야기인 산드라 크라우트바슐의 《쓰레기 거절하기》나 콜린 베번의 《노 임팩드 맨》, 고금숙 저자의 《우린 일회용이 아니니까요》 등 도서관과 서점을 오가며 손에 잡히는 대로 밑줄을 쳐가며 책을 읽었다. 밤하늘의 밝게 빛나는 별 몇 개가 모여 별자리를 이루듯, 환경 관련 책을 한 50권쯤 읽고 다큐멘터리를 20편쯤 보고나니 막막함이 사라졌다. 쓰레기 대란의 어둠이 서서히 걷히는 느낌이었다.

텃밭에서 야채를 길러 먹고, 다회용 용기를 들고 가서 분식집에서 김밥을 받아왔다. 집에 식기가 있으므로 나무젓가락과 플라스틱 숟가락은 일절 받지 않았다. 포장 용기가 잔뜩 나오는 배달 음식도 강제로 끊었다. 종종 실수로 플라스틱 컵에 담긴 증정용 커피를 받기도 하고, 아이의 절절한 간청으로 플라스틱 트레이 위에 포장된 신상 포켓몬 빵을 사기도 했지만 기조는 흔들리지 않았다. 어떤 달에는 겨우 12개의 플라스틱만 배출하기도 했다.

생활 필수재라고 철석같이 믿어왔는데, 막상 시도해보니 플라스틱 없이도 살아졌다. 지난 수만 년간 인류가 플라스틱 없이 살아왔듯이 말이다. 플라스틱 신화가 깨지는 순간이었다.

우리의 시선은 플라스틱에서 의류 폐기물, 육류 소비로 인한 탄소 배출, 농약과 푸드 마일리지까지 번져나갔다. 이전에는 내 삶의 질을 높이기 위해 미니멀 라이프를 추구했다면, 2018년 쓰레기 대란 이후에는 미니멀 라이프를 다른 시각으로 살펴보게 된 것이다. 우리 집만이 아니라, 지구도 쓰레기로부터 해방되어 미니멀해질 필요가 있다.

프로 바둑 기사가 대국 후에 천천히 복기하며 반성하듯, 우리도 쓰레기 대란 이후 지난 생활을 되돌아보았다. 불편했지만 유익한 시간이었다. 플라스틱을 의식하면서, 쓰레기를 만들지 않았던 기간에 우리는 건강해졌다. 의도치 않게 살이 빠져있었고, 피부에는 윤기가 돌았다. 생활비도 남았다. 기분이 무척 좋았다. 몸은 가볍고 지갑은 묵직했다. 무엇보다 지구에 흔적을 진하게 남기지 않았다. 이것이야말로 우리가 진정 바라던 삶이었다. 미니멀 라이프를 추구하고, 절약하는 것만으로는 채워지지 않았던 '환경'이라는 단춧구멍이 채워졌다. 환경에 이로운 것은 우리 가족에게도 이로운 것이었다.

특히 채식의 힘에도 눈을 뜨게 되었다. 고기를 덜 먹으면 에너지가 달려서 흐느적흐느적 다닐 것 같지만, 오히려 활력이 돌고 몸이 가뿐했다. 피가 맑아져 피로 회복도 빨랐다. 단번에 비건 수준의 채식을 할 수는 없었지만, 내 몸이 야채와 통곡물을 강렬히 원하는 감각을 태어나 최초로 느꼈다. 신비한 경험이었다.

건강, 자연, 돈은 서로 연결되어 있어서, 우리 가족의 문제 해결을 돕는 든든한 삼각대가 되어주었다. 우리 집의 가계 운영 지침은 단순하다. 하루 단위의 식비와 생활비를 책정해두고 검소하게 산다. 아이들의 성장을 고려해 채식 베이스의 고영양 식사를 한다. 가급적 물건을 적게 구입하고, 한번 구입한 물건은 오래도록 고쳐 쓴다.

20살 이후 82kg으로 살았던 나는 30대 중반에 들어 78kg을 유지하고 있다. 최근 받은 신체검사에서는 심혈관 나이가 실제 나이보다 5살 어리게 나왔다. 초등학교를 낀 신축 아파트를 사면서 받은 주택 담보 대출을 2년 5개월 만에 조기 상환했다. 닭가슴살 대신 버섯과 콩을 잔뜩 먹고, 스타벅스에서는 우유 대신 두유 라테를 주문한다.

경제적으로 불안한 미래, 건강하지 않은 노년에 대한 걱정이 줄어들어 잠도 푹 잘 수 있게 되었다. 소소하지만 확실한 행복감을 안겨다 주는 일상이 지속되고 있다.

나는 누군가의 강요로 인생이 바뀔 수는 없다고 생각한다. 그렇지만 우리와 비슷한 삶의 지향을 가진 사람이 단 한 명이라도 있다면 도움이 될 수 있지 않을까 하는 마음에서 책을 내기로 결심했다. 이 책은 치열하게 살아가는 맞벌이 생활인으로서 우리 부부가, 아이가 둘인 4인 가구의 조건에서 환경 보호와 살림의 양립을 위해 어떤 고민을 하고 어떻게 실천했는가를 담고 있다. 종이를 제공해준 나무에게 미안하지 않도록, 최대한 솔직하게 그리고 실질적으로 피부에 와닿을 수 있는 방향으로 쓰려고 고심했다. 모쪼록 즐겁게, 때로는 고개를 끄덕이면서 읽어주신다면 아주 기쁠 것 같다. 독자님의 건강과 경제적 자립, 그리고 무엇보다 평화롭고 깨끗한 지구를 위하여.

차례

1

중요한 것만 남기는 친환경 라이프

친환경 생활을 이야기하면서 윤리보다 이익을 앞
세운다면 모순일까? 4인 가구인 우리는 절약과 미
니멀 라이프에 입문하여 결과적으로 환경에 관심
을 가지게 된 사람들이다. 전쟁 같은 맞벌이와 육
아의 치열함 속에서 우리의 시간, 돈, 마음을 지키
기 위해 선택한 행동들이 어느 순간 환경과 연결
되어 있었다. 온전히 환경만을 위해서는 아닌, '자
기계발'로서의 친환경 생활을 추구하는 우리 가족
의 현재를 소개한다.

예쁜 쓰레기 수집가의 최후
: 많이 쓰면 적게 남는 법

그날을 어떻게 잊을 수 있을까? 퇴근한 남편이 현관에 서서 절망스러운 얼굴로 거실을 물끄러미 보던 저녁 무렵을. 아이 아빠의 시선은 뽀로로 볼풀장에 닿아있었다. 볼풀장은 마지막 남은 우리 집의 여유 공간을 집어삼켜 버렸다. 이제 우리 집에 어른이 앉을 수 있는 공간은 안방 침대밖에 남지 않았다.

남편은 커다란 손으로 얼굴을 덮었다. 무거운 한숨이 손가락 틈새로 흘러나왔다. 남편은 한마디 말도 없이 침대 위에 철푸덕 누웠다. 이토록 냉랭한 반응이라니, 당황스러웠다. 그래서 더 고집스레 주장했다. 집이 좁아지긴

했지만 나는 틀리지 않았다고 말이다.

"애가 좋아하잖아. 나는 어릴 적 TV로만 보며 꿈꾸던
볼풀장이야. 우리 아이에게는 해주고 싶어! 행복한 아이가
행복한 어른이 된다고! 게다가 중고로 샀어. 3만 원밖에 안
들었어. 싸게…… 싸게 잘 산 거야."

내 마음도 몰라준다고 씩씩대며 화를 냈지만, 사실 알
고 있었다. 어떻게 모를 수 있을까? 사람이 쉴 수 없는 집
이라니. 분명히 뭔가 잘못되어도 한참 잘못되었다.

당시 첫 신혼집이었던 우리 집은 방 두 개, 거실, 부엌,
욕실, 베란다가 딸린 전용 면적 49m²의 22평 복도식 아
파트였다. 모든 방은 포화 상태였다. 안방에 퀸 사이즈 침
대를 들이고, 침대 발치에 컴퓨터 책상과 기저귀 함을 놓
았다. 침대 옆에 아기 이부자리를 깔고 나면, 안방은 가득
차버렸다.

작은 방은 옷방으로 정했다. 이곳은 잉여 공간이었다.
옷 갈아입을 때만 들어가고, 나머지 시간에는 잘 쓰지 않
는 방이니까 말이다. 덕분에 뭐든 마음껏 샀다. 옷방이 있
으니까! 어떤 물건을 사도 놓을 자리는 있을 테니 안심했

다. 그 결과 벽면 두 개를 차지한 2단 행거에는 옷이 산더미처럼 걸려있었다. 방 한구석에는 잡동사니를 욱여넣은 리빙박스가, 그러고도 남는 자리에는 바운서나 점퍼루처럼 덩치 큰 육아용품이 존재를 과시했다. 작은 방은 옷방이라 불렸지만 실질적으로는 창고였다.

부엌은 빌트인 싱크대와 800L 냉장고가 메인이었다. 그 주위로 4인용 식탁과 커피 용품 수납장이 공간을 잡아먹고 있었다. 창고로 전락한 옷방과 달리 부엌은 활용도가 높았기에 부담감은 그리 크지 않았다.

문제는 거실이었다. 부엌과 연결되어 있는 거실은 우리 욕망의 결정체였다. 우선 대형 책장이 벽의 한 면을 차지했다. 맞은편에는 피아노와 장난감 수납함, 화장대가 균형을 이루고 있었다. 거실은 영어로 리빙룸living room, 즉 생활하는 공간이라는 뜻인데 실상은 물건 전시장이나 마찬가지였다. 우리는 양쪽 벽으로도 모자라서 거실 매트 위에 아기 체육관을 놓았다. 그리고 마침내 그 옆에 볼풀장이 들어선 것이다. 이것으로 게임 오버. 10년쯤 지나니 인정할 수 있다. 내가 잘못했다.

'여보, 내가 미안했어. 호호.'

늦은 사과다. 당시 나는 남편에게 끝까지 사과하지 않았다. 지기 싫었을뿐더러 남편이 원망스럽기만 했다. 아이를 잘 키우고 싶은 내 마음도 몰라주다니. 문제의 볼풀장을 치우지 않고 밤새 그대로 두었다. 누가 이기나 보자, 물론 내가 이기고 말겠다. 그런 마음이랄까?

같은 평수의 아파트, 그녀의 집은 달랐다

•

폭풍 같았던 밤이 지났다. 우리는 여전히 냉전 상태였다. 연애 시작 이래 이렇게 오랫동안 쌀쌀맞은 적이 없었다. 그만큼 나는 볼풀장을, 남편은 공간을 포기할 생각이 없었던 거다. 남편은 쌩하니 찬바람을 일으키며 출근했고, 나는 기분 전환을 위해 짐을 챙겨 친구 집으로 갔다. 마침 소꿉친구 S의 집에 초대받은 날이었다. 초등학교 졸업 이후 서로 소식도 모르고 바쁘게 살다가, 볼풀장 사건이 있기 며칠 전 우연히 길에서 S를 만났다. S도 나처럼 아기띠에 갓난쟁이를 안고 있는 데다가, 심지어 같은 아파트 주민이기도 했다. 오랜만에 만나 회포도 풀고 난도를 절반으로 낮춰주는 공동육아도 할 겸 약속을 잡았다.

딩동. 초인종을 눌렀다. 현관문을 여는데 가슴이 뛰었

다. 거실이 넓다! 어른이 대*자로 누워 팔다리를 휘저어도 걸리적거리는 것이 없을 만큼 단정하고 쾌적했다. 무엇보다 손발에 닿는 물건이나 가구의 개수가 매우 적었다. 거실에는 벽걸이 TV와 수납장뿐이고, 안방에는 장롱만 있었다. 침대 없이 잠은 어디서 자냐 물으니 침대 대신 장롱에 이불을 개어 넣고, 잘 때는 이불을 깔아 생활한다고 했다. 부엌에도 싱크대와 냉장고, 작은 접이식 식탁뿐이었다. 작은 방에는 책상과 책장만 있었다. 안방 장롱에 옷을 보관하기 때문에 작은 방이 창고 같은 옷방으로 전락하지 않았다. 당연히 볼풀장도 없었다.

　S의 집이 우리 집보다 특별히 넓었을까? 아니다. 우리는 같은 아파트에 살았고, 심지어 평수와 구조까지 똑같았다. S의 아기가 유난히 얌전했던 걸까? 그것도 아니다. 아기의 개인적 성격과 별개로 아기를 돌보는 정성은 대동소이하다. 뜬눈으로 밤을 지새느라 자주 허덕인다는 점은 같지만, 친구는 최소한의 육아용품으로 아이를 충분히 잘 키우고 있었다.

　핑계 댈 여지가 없었다. 물건에 짓눌려 답답한 우리 집. 반면 낭비 없이 필요한 물건만 갖춰 정갈한 S의 집. 그 차이는 어디서 비롯된 걸까? 단번에 알 수는 없었다. 하지만 기분이 나쁘지 않았다. 오히려 설렜다. 집 평수도 같고 아기의 엄마란 점도 같으니까. 어쩌면 나도 할 수 있을지 모른다는 생각이 들었다. 우리 집도 소박하고 편안한 공간이 될 수 있다! 얼른 집으로 돌아가 어떻게 살림할지 궁리해보고 싶었다.

인터넷 서점에서 '살림' 책을 검색했다. 생소한 분야였기에 살림 분야 베스트셀러였던 장새롬 저자의 《멋진룸 심플한 살림법》을 주문했다. 탁월한 선택이었다. 이 책을 읽으며 처음으로 살림의 진정한 기본을 알 수 있었다. 기본은 단순했다. 가진 물건을 비울 것, 그리고 더 사지 말 것.

이를테면 거실 정리법은 거실에서 안 쓰는 물건을 버리고 나누면 된다. 안방 정리법도 마찬가지다. 정리한 이후로는 물건 하나를 살 때도 되도록 소비를 미루고, 정말 필요한 물건만 신중에 신중을 기해 사면 된다.

살림 비법이 적절한 살림 용품을 구비하는 게 아니라 '비우기'라니! 상상도 못 한 관점이었다. 솔직하게 고백하자면 친구 집에서 돌아오자마자 제일 먼저 검색한 건 살림 책이 아니라 장롱이었다. 우리 집이 더러워진 원인은 신혼 가구로 장롱이 아니라 침대를 샀기 때문이라고 생각했다. 장롱 안에 이불과 옷을 넣고 안방과 옷방을 넓게 쓸 계획이었다. 아이고, 하마터면 또 살 뻔했다. 심플한 살림을 알고 나서 장롱 검색을 그만두었다.

폭탄 맞은 것처럼 더럽고 좁은 집의 원인을 찾았다. 원래 작은 집이어서도 아니고, 육아 때문에 청소할 체력과 시간이 없어서도 아니었다. 문제는 소비였다. 삶이 더 나아질 거라고 기대하면서 수시로 물건을 사들였기 때문이었다. 그 예쁜 쓰레기들 말이다.

예쁜 쓰레기들은 어떻게 우리 집을 점령할 수 있었을까? 일상의 문제를 해결하는 방식에 원인이 있었다. 살면서 생기는 어려움들을 모두 돈으로 해결하려던 습관, 그것이 복잡한 집의 원흉이었다. S의 집처럼 되고 싶다면 물건을 비워내야 하는데, 엉뚱하게 장롱을 사려고 했듯 말이다. 쇼핑하면 문제가 해결된다고 믿었다.

육아도 그랬다. '장비빨'인 줄 알았다. 아이가 잠투정할 때, 목욕하다가 울 때, 또래에 비해 발달이 느리다고 느껴질 때, 육아용품으로 해결할 수 있으리라 믿었다. 계속 쇼핑을 했다. 아이의 두뇌를 계발해준다는 장난감과 분유 온도를 맞춰준다는 분유 포트, 아이 옷 전용 세탁기와 온도계가 달린 아기 욕조, 아기를 잘 재워준다는 기적의 이불 등 아이디어 상품은 수없이 많았다. 유아 볼풀장은 대근육 발달을 돕고, 시각적 자극을 줄 수 있다고 해서 산 것이다.

기적의 이불은 광고에서 장담한 만큼 아이를 잘 재워 주지 않았다. 욕조에 온도계가 부착되어 있다고 해서 아기 목욕이 수월해지는 것도 아니었다. 오히려 집이 점점 좁아지면서 어른도 아이도 짜증이 났다.

예쁜 쓰레기 수집가에서 지구 시민으로

•

물건을 비우기 시작했다. 필수품만 남겨두고 나머지 물품은 몇 주에 걸쳐 버리고, 나누어주고, 중고로 팔기를 반복했다. 있는 물건도 비우는 판국이었으므로 쇼핑하는 횟수도 확 줄었다. 우리 집은 점점 더 깨끗하고 넓어졌다. 더불어 의도치 않았던 소득도 생기면서, 우리 부부의 고민이었던 경제적 어려움이 조금씩 해소되었다. 과소비에서 벗어난다는 것은 단순히 사용하는 물건의 개수가 적어지는 것만을 의미하지 않았다. 많이 쓰면 적게 남고, 적게 쓰면 많이 남는 법. 남는 돈이 차곡차곡 쌓였다. 나의 휴직으로 남편이 외벌이 했던 시기에도 월급의 절반을 모을 수 있었다. 명절 상여금이나 장기근속 수당을 받으면 기분 전환용 물건을 사는 데 증발시키지 않고 저축했다.

온갖 육아용품을 사는 대신 강변으로, 숲으로, 바다로 갔다. 강원도 바닷가 마을에 살고 있었기에 차로 10분 거리에 자연을 즐길 만한 근사한 장소가 펼쳐져 있었다. 아이는 빨강, 파랑 플라스틱 공을 입에 넣고 빠는 대신, 꽃향기를 맡고 민들레 홀씨를 꺾어 흔들며 깔깔댔다. 값비싼 육아용품 없이도 아이 두뇌 속 시냅스가 확장하는 소리에 흐뭇했다.

예쁜 쓰레기 수집가에서 벗어난 이후 삶의 질이 높아졌다. 낭비하는 습관은 엉킨 매듭과 닮았다. 낭비를 멈추면 엉킨 매듭이 풀리듯 다른 문제들도 함께 해결되고는 했다. 살을 뺐더니 혈압이 낮아지는 원리다. 집은 넓어지고, 통장 잔고는 넉넉해졌다. 버는 돈보다 적게 쓰는 비법을 몸에 익혔더니 육아휴직도 부담 없이 남편과 번갈아 6년을 할 수 있었다. 부자만이 돈으로 시간을 살 수 있다고 생각했는데, 평범한 사람도 돈의 흐름을 잘 관리하여 시간을 만들 수 있었다. 쇼핑 중독의 늪에 빠져있던 과거가 아득히 먼 옛날처럼 느껴진다.

가계부를 쓰면서 소비를 절제하며 최소한의 물건으

로 생활할 수 있었던 동기는 나에게 돌아오는 실질적 이득이 쏠쏠했기 때문이다. 그런데 돌아보니 세계는 이미 넘쳐나는 쓰레기에 당황하며 신음하고 있었다. 2011년 동일본 대지진 때, 쓰나미에 떠내려가는 생활 쓰레기 더미가 그대로 방영된 적이 있었다. 충격을 받은 일본 사회는 미니멀 라이프를 선도하기 시작했다. 2018년에는 중국발 쓰레기 대란이 있었다. 중국이 폐기물 수입을 중단한다고 발표하자, 한국은 자국 내 쓰레기조차 감당하지 못했다. 다가오는 2025년에는 인천의 수도권 매립장 용량이 꽉 차서 운영이 종료될 예정이며, 태평양에는 플라스틱 아일랜드가 실시간으로 면적을 넓혀가고 있다.

수많은 물건으로 인한 환경 파괴를 알고 나자, 절약에 자부심이 생겼다. 살까 말까 고민할 때 사지 않으면 내 돈을 아낄 수 있다. 분명히 나 좋은 일이다. 동시에 세상에 태어날 뻔한 예비 쓰레기 하나를 줄여준 일이므로 이타적인 일이기도 하다. 절약가는 환경에 무해한 훌륭한 지구 시민인 셈이다.

우리 부부는 여전히 소비 충동에 때때로 번민한다. 하지만 우리의 서식지인 지구의 위기를 알고 난 후로는 절약이 더 쉬워졌다. 한때 통장 잔고를 생각하며 지름신을 잠재웠다면, 이제는 지구를 위한 마음까지 합세해 물건을 잘 사지 않는다. 그래서 우리의 가계부는 '지구를 구하는 가계부', 줄여서 '지·구·가'다. 이 책을 읽는 여러분도 함께 이 가계부를 써 보는 건 어떨까? 절약은 무조건 돈이라도 남기는 셈이니, 적어도 손해는 보지 않는 장사다. 세상에 이렇게 좋은 것은 좀처럼 찾아보기 힘들다.

풍요로운 자본주의,
궁상 아닌 고상한 절약

볼풀장 사건 이후, 우리 집 재산은 쇠똥구리가 황금 똥을 불려가듯 순조롭고 안정감 있게 불어나가고 있다. 그전까지만 해도 우리의 재산은 월세 보증금 4,000만 원과 약간의 현금이 전부였다. 아이 키우면서 빚 없이 사는 게 어디냐며 지금 이대로도 괜찮다고 밤이면 남편과 맥주 한 캔을 기울였다. 그렇지만 속으로는 나도 남편도 '지금 이대로' 돈을 쓸 경우 닥쳐올 미래가 불안했다. 그러던 차에 삶의 지혜에 눈뜨게 되었다. 바로 살림 고수들은 심플하게 산다는 것! 절약의 매력에 푹 빠져버리고 만 것이다.

28살에는 절약이 재미있었다. 안 쓰는 만큼 모이는 단순한 계산이 좋았다. 미래에 대한 불안이 자연스레 씻겨 내려갔다. 은은한 패기가 넘치기 시작했다. 40살에는 백만장자가 되겠다고 다짐하면서, 생활비 봉투에 만 원짜리 지폐를 한 장씩 끼우며 낄낄거렸다.

결혼하면서 진 빚은 없지만, 남은 돈도 없다며 기죽어 자책하던 습관을 멈췄다. 대신 A4용지에 인생 그래프를 그렸다. 그래프의 가로축에는 나이를 쓰고, 세로축에는 모으고자 하는 돈의 액수를 썼다. 28살에는 이만큼 저축하고, 29살에는 저만큼 모으리라는 계획에 들떴다. 완벽한 나의 시나리오대로라면 40살 백만장자 프로젝트도 충분히 가능해 보였다.

봄 길을 걷는 듯 기분이 좋았다. 할 수 있다! 시나리오를 착실하게 따랐다. 첫째를 만 두 돌이 되기 전에 어린이집에 보냈다. 나는 뱃속의 둘째와 함께 복직했다. 맞벌이가 다시 시작된 것이다. 시나리오대로 40살에 목표한 자산에 도달하기 위해.

아, 이게 뭐하는 짓이람. 출근길마다 첫째도 울고 나도 울었다. 어린이집 선생님께서는 엄마가 먼저 안 울어야 아이도 안 운다고 하셨는데, 매번 아이가 먼저 울었다. 결국엔 나도 따라서 목이 멨다. 울음을 참느라 폐 속에 공기가 찬 듯 꺽꺽 숨이 찼다. 아이도 나도 울지 않을 방법이 있기나 한 걸까?

자발적 생이별을 치르며 인생 그래프를 대폭 수정했다. 목표를 백만장자에서 경제적 자립으로 바꿨다. 아이와 함께 있고 싶을 때 무급휴직 할 수 있을 정도의 돈이면 충분할 것 같았다. 목표 도달 방법은 많이 벌기보다 적게 쓰기로 정했다. 나는 이것을 '최소한의 소비'로 불렀다. 소비만 줄이면 많이 일하지 않아도 잉여 자금이 생겼기에 오랫동안 일을 쉴 수 있었다.

절약은 꽤 즐거웠다. 자발적 생이별보다는 자발적 비소비가 훨씬 나았다. 가장 많이 줄어든 항목은 '있어빌리티'와 '외주화'였다. '있어빌리티' 비용이란, 타인의 시선을 의식하느라 연약해진 자아를 보호하기 위해 남들에게 기죽지 않으려고 쓰는 비용이다. 예컨대 불필요하지만 '있어 보이기' 위해 사는 새로운 신발, 가방, 귀걸이, 자동차, 더 나아가 가구와 가전이 있다.

'외주화' 비용이란, 나의 노동을 줄이기 위해 타인의 노동을 사는 비용이다. 집밥 대신 외식을 하거나, 공원 대신 키즈 카페에 가는 것이 여기에 해당한다. 외주화는 편리하지만, 습관적 외주화는 위험하다. 경제적 자립이 더

디어지거나 아예 불가능해질 수도 있기 때문이다.

　나는 좀 독하게 살았다. 옷도 안 사고, 미용실도 1년에 한두 번만 갔다. 돈가스도 직접 튀겨 먹고, 유행하던 로봇 청소기나 무선 청소기는커녕 빗자루를 들었다. 아껴서 모은 돈으로는 부동산 투자를 했다. 덕분에 젊어서 월세도 받아보고, 단골 부동산도 생겼다. 정해진 날짜에 들어오는 임대료를 보면서 절약하는 보람을 느꼈다.

　하지만 이따금씩 궁금해졌다. 절약은 단순히 종잣돈을 모으기 위한 과정일까? 구멍 난 검정색 기모 스타킹을 실과 바늘로 꿰맬 때, 냉장고 속 식재료가 썩어 낭비되지 않도록 자투리 채소를 모아 라따뚜이를 만들 때, 10년 된 청소기를 버리지 않고 수리해 다시 쓸 때, 잘 살고 있는 기분이 들었다. 절약이 좋아진 이유가 돈이 전부는 아닌 것 같은데……, 절약의 매력은 대체 뭘까?

고상한 절약가의 정체

●

낭비하는 삶을 낭만으로 여겼던 과거에는 원할 때마다 뭐든 척척 살 수 있는 경제적 자유인이 되는 것을 목표로 삼았다. 나는 TV에서 우아한 여배우가 드레스를 입고 집

밖을 내려다보는 아파트 광고를 보며 자랐다. 어떻게 살았냐는 친구의 물음에, 자신이 타고 온 준대형 세단을 보여주는 것으로 답을 대신하는 광고를 볼 때는 괜히 가슴이 뭉클해졌다. 우리 아빠 차도 저 차면 얼마나 좋을까? 세상에는 돈을 써야만 잘 산다고 믿게끔 하는 메시지가 너무나도 많다. 이러니 절약을 본격적으로 시도하기도 전부터 불편했던 모양이다. 물건과 서비스가 삶의 품격을 결정한다고 믿었으니까.

막상 절약을 해보니 편견이 사라졌다. 경제적으로 자유로우면 더 좋겠지만, 적정한 소비만으로도 맛과 영양이 훌륭한 식사를 하고 따뜻하고 단정한 옷을 입을 수 있다. 절약은 곧 한 사람의 삶을 스스로의 힘으로 풍요롭게 살아가게 하는 방법이었다. 절약은 고생스러운 일도, 궁상맞은 일도 아니었다.

미디어에서 말하는 성공의 모습을 유지하기 위해서는 두 희생양이 필요하다. 한 가지는 가정의 자산이고, 다른 한 가지는 지구다. 한 가정의 경제적 안정감을 위해서는 자산이 탄탄해야 한다. 하지만 우리는 종종 소득과 자산을 혼동한다. 어느 정도 소득이 받쳐준다고 해서 번 만큼 거의 다 써버리면 자산이 얼마 남지 않는다. 그러니 품위 유지를 위해 과잉 소비를 할 필요가 없는 것이다.

지구도 상황이 여의치 않다. 현대 한국인의 자원과 에너지 소모를 문제없이 충족하려면 지구가 3.8개 정도 있어야 한다. 심지어 내가 꿈꾸던 자유롭게 낭비할 수 있는 품격 있는 삶이란, 3.8개를 뛰어넘어 지구가 10개쯤 필요한 생활 방식이었다. 기후위기 시대에 남들보다 더 많은 자원을 소모하는 삶을 꿈꿔도 괜찮은 걸까? 지금은 절약을 궁상으로 바라보는 시선보다 인류의 생존을 위한 자구책으로 접근하는 편이 맞다는 생각이 들었다.

빨래 건조대 발목이 부러진 날이었다. 나는 빨래 건조대에 테이프를 칭칭 감아 창문에 기대어 쓰기로 결심했다. 그렇지만 궁상도 짠내도 나지 않았다. 그저 안심했다. 새 빨래 건조대값인 2만 원을 아껴서 좋았다기보다, 덩치 큰 쓰레기를 세상에 내보내지 않아도 된다는 사실에 기뻤다. 아직 더 쓸 수 있어서 다행이었다.

고상한 절약가의 정체는 기후위기를 향한 마음이었다. 전기와 물, 가스 같은 에너지만 자원이 아니다. 빨래 건조대나 책장처럼 내가 가진 온갖 물건들도 돈을 주고 구입한 '자원의 변형물'이다. 나는 지갑의 돈뿐만 아니라, 지구의 자원을 소중히 여기고 싶다.

아이들에게도 플라스틱 장난감을 쉽게 사주지 않는다. 그 이유 또한 단순히 종잣돈을 모으기 위함은 아니다. 이미 장난감을 가지고 있는데 새것을 다시 사고 싶지 않기 때문이다. 그저 기분을 내기 위해 새 물건을 들이는 습관이 위법은 아니지만, 위해는 될 수 있다. 과소비는 다음 세대가 살아갈 서식지인 지구에 해롭다.

최소한의 소비는 살림과 지구에 모두 보탬이 된다. 지구의 아픔을 알고 나면 쉽게 물건을 못 사고 망설이기 일쑤다. 의류 폐기물이 밀려들어 해변을 덮어버리는 아프리카 어느 지역을 떠올리며, 새 옷 대신 중고 옷을 샀다. 중고 옷은 아무래도 저렴하니 의류비 지출을 대폭 줄일 수 있었다. 돈 모으는 재미 또한 쏠쏠했다.

내가 경험한 절약은 종잣돈을 위한 수단, 혹은 미래의 백만장자가 되기 위한 애처로운 과정이 아니었다. 따뜻하고, 소박하고, 비폭력적이며, 안정감을 주는, 그리고 단단한 신념을 구축해주는 의식에 가까웠다.

기후위기를 모른 척했더라면 지금쯤 나는 어떤 모습으로 살고 있을까? 아마 자동차를 한 대 더 뽑고, 비행기를 타고 해외여행을 훌쩍 다녀오며, 마트에 갈 때마다 아이 손에 작은 장난감을 하나씩 사준 다음, 종종 나를 위해 휴대폰을 바꾸며 살았을 것이다. 어떻게 확신하냐고? 왜냐하면 자동차, 해외여행, 장난감, 새 휴대폰은 여전히 나를 유혹하기 때문이다.

주말에는 삼척에 다녀왔다. 장난감 없이 책과 정글짐만으로 이루어진, 바다가 보이는 키즈 카페도 들렀다. 이용 요금은 공짜다. 삼척시에서 운영하는 '그림책 나라'에 포함된 시설이기 때문이다. 아이들은 땀이 나게 뛰어놀다가 지치면 책을 읽고, 심심하면 엄마, 아빠와 조잘대다가 다시 뛰어놀기를 반복했다. 통유리창 너머로 소나무와 바다, 모래, 바위가 보였다. 건강하고 아름답지만 지구가 모두에게 주는 공짜 선물이었다.

실컷 논 후, 햇살이 잘 드는 백사장을 걸었다. 아이들은 갈매기를 놀라게 하려고 심술궂게 달렸다. 그러다 발치에 조개가 보이면 얼른 주웠다. 해변 곳곳에서 풍화된 생수병과 갈라진 빨대를 보았다. 갈매기들은 작은 플라스틱 쓰레기를 먹이로 오인하고 삼킬 것이다. 역시 플라스틱을 사용하지 않는 편이 좋다고 생각했다.

지구가 주는 근사한 선물 속에서 여가를 보내고 나면, 자연을 아끼는 마음이 되살아난다. 그래서 자동차, 해외여행, 장난감, 휴대폰을 향한 욕심은 사그라든다. 차는

10년간 여전히 한 대, 장난감은 어린이날, 생일, 크리스마스에만 사주고, 휴대폰은 만 4년을 꽉 채우고 5년째 쓰고 있다.

"아무리 사소한 노력을 하더라도 다음 세대에 영향을 미칩니다."

어느 봄날, 울산시립미술관에서 가슴에 박히는 문장을 만났다. 나의 사소한 노력이 다음 세대와 연결되어 있다는 점이 인상적이었다. 작은 노력으로 세상을 바꾼다는 말은 의욕(해보자!)과 의구심(정말 그럴까?)을 동시에 불러일으킨다. 그렇지만 현재가 미래에 영향을 미친다는 것은 두말할 필요 없는 진실이다. '노력과 영향'은 '원인과 결과'이므로, 오늘도 내일도 좋아하는 오래된 셔츠와 청바지를 입고 배달 음식보다는 정성껏 집밥을 차릴 것이다. 지구를 위한 마음은 최소한의 소비와 연결되어 있다. 요즘 나는 내가 제법 기특하다.

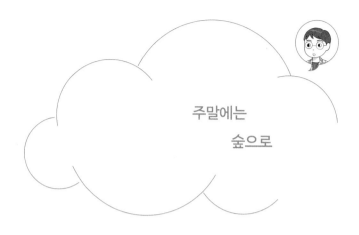

주말에는
숲으로

가끔 뉴스를 보다가 식은땀이 흐르고는 한다. 그중 하나가 밤 10시까지 아이를 맡아 종일 돌봄을 하겠다는 기사다. 국가에서 서비스로 아이를 돌봐줄 테니 '안심하고(?)' 늦게까지 일을 하라는 취지다.

부모의 양육 부담을 줄여 경제활동을 할 수 있도록 도와주겠다는 정부의 설명을 듣고 있으면 1초 정도 그런가보다, 고개를 끄덕일 뻔하다가 등골이 서늘해진다. 자세를 바로 하고 시뮬레이션을 돌려본다. 나를 '야근하느라 밤 10시까지 아이를 맡기는 사람'이라고 가정한다.

아침 일찍 일어나 출근과 아이 등원을 준비한다. 현미

그래놀라와 우유로 급히 배를 채우고 아이를 유치원에 내려준다. 12시간이 지나도 아이를 만날 수 없다는 생각에 입구에서 발이 떨어지지 않는다. 그래도 기왕 돈을 벌겠다고 결심했으니 이를 꽉 물고 발길을 돌린다. 일하는 중에도 아이가 계속 떠오른다. 필사적으로 과업을 끝마친 후 지치고 미안한 마음으로 아이를 데려온다.

비록 상상 속이지만 가슴이 저린다. 생존을 위해 우는 아이를 달래며 일을 해야 하는 부모의 마음은 무너진다. 저런 돌봄 서비스가 꼭 필요한 분들도 계실 것이다. 그래서 정말로 마음이 아프다.

나는 아이들을 키우면서 두 가지를 절실히 느꼈다. 하나는 돈이 정말 간절해진다는 것이고, 다른 하나는 함께 살을 부대끼는 시간 또한 간절해진다는 사실이다. 돈과 시간이 모두 충분하기는 어렵다. 돈을 벌려면 시간과 에너지를 투입해 일을 해야 하고, 시간을 누리려면 돈이 필요하다.

가만히 있어도 돈이 화수분처럼 쏟아진다면 별다른 고민을 하지 않아도 되지만, 나 같이 평범한 배경의 사람은 노력을 해야 한다. 나는 혼자서 밸런스 게임을 해보았다. 둘 중 하나만 골라야 한다면 무엇을 택하겠는가?

약간 주머니가 두둑해지고 시간이 빠듯함 VS 여유롭게 시간을
누리고 돈이 부족함

　나는 시간을 골랐다. 돈을 싫어하지 않는다. 엄청 좋아
한다. 돈은 판타스틱하다. 그렇지만 시간은 돈으로도 살
수 없다. 풍요롭고 깨끗했던 500년 전 지구로 돌아갈 수
없듯, 아이의 어린 시절은 강물처럼 흘러간다. 부모와 아
이가 따뜻하고 건강한 관계를 맺을 기회도 어떤 의미에
서는 제한적이다.
　돈을 많이 벌고 나중에 아이들과 시간을 보낼 수도 있

겠지만, 모든 관계는 저마다 형성하기에 적절한 시기가 있다고 생각한다. 총체적 균형을 잃지 않으려 노력하면서도, 하나를 얻으려면 다른 하나를 내어놓아야 하는 밸런스 게임. 적어도 내게 인생은 이런 의미로 다가온다.

미세 플라스틱과 대륙 크기로 떠다니는 쓰레기로 인해 몸살을 앓는 지구를 보면서, 나는 '돌봄'이 중요하다는 것을 직관적으로 이해하게 되었다. 현재 지구는 건강하지 않다. 인류가 의탁하고 살기에 지속 가능하지 않은 환경이 되어가고 있다.

장기적인 관계를 고려하지 않고 욕심을 부리면 어딘가 어긋나게 된다고 생각한다. 가령 인간의 문명은 기술의 진보와 생활의 질 향상을 내세우며 화석연료를 미친 듯이 사용했지만 그 결과 기후위기를 맞게 되었다.

매년 산불과 태풍, 폭우, 폭설, 해수면 상승으로 천문학적인 손실이 지속적으로 발생하고 있다. 이러한 부작용은 너무나도 강력해서 인간의 노력으로 되돌리기 힘든 수준에 이르렀다. 제대로 지구를 돌보지 않은 결과, "어어, 날씨가 왜 이래?" 하는 사이 지구 생태계와 인간의 관계는 뒤틀려 버렸다.

나는 아이가 어릴 때 많은 시간을 함께 보내고 싶다.

돌봄에 공백이 생기거나, 행복의 순간을 먼 훗날로 유예시키고 싶지 않다. 오염된 지구를 회복하는 일이 얼마나 어려운 것인지 깨닫고 나서부터는 소중한 것일수록 곁에서 보살피고 싶어졌다.

우리 부부는 이러한 방향성 속에서 부부 합산 6년 가까이 휴직 기간을 보냈고, 기타 시간을 잡아먹는 일거리를 무리하게 떠맡지 않았다. 당연히 치러야 할 대가도 있었다. 주택담보대출 상환이 늦춰졌고, 매일 생활비와 식비를 기록하는 가계부를 작성해야 했으며, 아이 옷 어른 옷 할 것 없이 오래 입어야 했다. 대신 늘어난 시간을 바탕으로 우리가 살고 있는 강원도의 자연을 원 없이 누릴 수 있었다.

나는 신혼부터 8년간 동해시에서 살았고, 그 이후에는 강릉에서 살고 있다. 대관령 동쪽을 의미하는 '영동 지방'은 미세먼지도 적고, 산과 바다 그리고 호수가 어우러져 자연 풍광이 멋지다. 우리 부부는 자연을 해치는 방식의 난개발과 자원이 과도하게 투입된 놀이 시설을 지양하는 편이라 도시 면적이 넓지 않은 강원도가 참 좋다.

강릉은 어디에 살든 차로 20분이면 자연에 도달할 수 있다. 주말이나 연휴 기간의 해안가만 아니라면, 차도 별로 막히지 않고 꽤 유명하다는 장소도 한산한 편이다. 우리 가족이 제일 자주 그리고 만만하게 여가를 보내는 장소는 크게 세 곳이다. 경포 저류지와 습지공원 일대, 남항진에서 사천까지 바닷가를 따라 난 해송 군락과 모래사장, 그리고 솔향수목원 및 성산면 치유의 숲 일원. 모두 집에서부터 이동 시간이 15분을 넘기지 않는다.

소중한 사람과 행복한 시간을

•

나는 아이들과 시간이 나면 기분이 내키는 대로 가고 싶은 자연으로 향한다. 바다와 호수, 산과 숲은 사계절의 특징이 뚜렷하다. 6월의 비 내린 후 대관령 휴양림에서는 싱그러운 향기가 물씬 풍긴다. 9월의 소금강 계곡에서는 맑고 시원한 물줄기가 콸콸 흘러내린다. 1월의 경포 저류지에는 큰 고니 무리가 유유히 물 위를 떠다닌다.

자연에 있으면 시간의 흐름과 계절의 변화를 온몸으로 느낄 수 있다. 아이도 부모도 바람 부는 강가 둑방 길에서 자유로워진다. 입장료도 들지 않고, 정신 사나운 상업용 광고도 없는 그곳에서는 자주 하늘과 구름을 보게 된다. 그 풍경 속에는 대부분 새들이 있다.

딱새, 동박새, 박새, 매, 왜가리, 백조. 우리에 갇혀있지도, 목줄에 매여있지도 않은 새들이 제멋대로 하늘과 땅을 오가며, 높은 음성으로 길게 운다. 나와 아이들은 그저 걸으면서 물 마시는 고라니를 구경하고, 바람을 쐰다. 아주 심플하고, 친밀하며, 홀가분한 여가다. 그리고 놀랍게도 자연 속에서 아이들과 도시락을 까먹고, 느긋하게 한나절을 보내는 것은 좋은 돌봄이 된다.

휴가를 내서 촘촘한 계획을 세우고, "우와!" 하고 감탄할 만한 스펙타클을 경험하는 애쓴 가족 여행만이 돌봄은 아니다. 가끔은 보고 싶던 고가의 공연 티켓을 예매하는 것도 좋겠지만, 매번 그럴 수는 없다. 더구나 돈벌이를 줄이고, 시간을 선택한 사람에게 '작정하고 덤벼드는 우아한 유료 돌봄'은 선택지에 없다.

두 손은 자유롭게, 주머니 사정이 가벼워도 부담 없이, 시간과 품을 적게 잡아먹는 돌봄이 좋다. 예컨대 어느 날에는 도서관에서 각자 취향대로 책을 빌려 에코백 두 개에 나눠 담고, 북쪽으로 차를 몰았다. 너무 강릉에서만 놀아서 지겹다고 양양으로 가자고 했다. 양양은 이웃 동네에다 같은 동해를 공유하지만, 강릉과는 미묘하게 다른 분위기를 풍긴다.

서두를 것 없이 7번 국도를 따라 슬렁슬렁 액셀을 밟았다. 아이들은 학교와 유치원에서 있었던 얘기를 나누고, 아내는 집에서 텀블러에 담아온 드립 커피를 홀짝였다. 양양의 남대천에 차를 세워놓고 갈대숲을 걸었다. 사람 키보다 높이 솟은 갈대 사이로 멀리 설악산 울산바위가 보였다. 차로 50분 올라왔을 뿐인데 그래도 북쪽이라고 바람이 조금 더 찼다. 망가지지 않은 자연은 그 자체로 안식처가 된다.

나는 설악산에 케이블카를 설치하고, 속초 영랑호에 데크를 추가로 까는 것에 반대한다. 기왕 지구에 태어났으니, 원래 있던 것들을 건드리지 않고 자연환경이 베풀어주는 안식을 누리다 가고 싶다. 지구의 자원과 에너지를 낭비하지 않으면 가을에 곡식이 영글듯이 자연은 인간을 돌봐준다.

우리 아이들도 이 멋진 돌봄의 순환을 느끼며 자라나기를 바란다. 자연에 기대어 아이와 함께하는 돌봄은 간단하고 근사하다. 매우 기분이 좋아서 스트레스를 받을 일이 좀처럼 없다. 자동차 연료비와 간식값 정도면 어지간한 자연 놀이터를 즐길 수 있다. 그래서인지 시간을 우물에서 길어 쓰는 것처럼 천천히 양껏 써도 계좌 잔액을 자주 확인할 필요가 없다.

파도가 잔잔한 날에는 해변으로 향하고, 얼음이 언 날에는 빙판으로 변한 겨울 논 위에서 미끄럼을 탄다. 아이는 건강하게 잘 자라고 가족끼리 정답게 잘 지낸다. 나는 겨울 논바닥에 엉덩방아를 찧으며 자주 생각했다. 내가 바라던 인생이 바로 이런 것이었다고. 사실 예전부터 마음에 걸렸던 말이 있다.

'당신이 돈으로 행복을 살 수 없다고 믿는다면, 혹시 돈이 부족하지 않은지 확인해 봐라.'

계절의 바람을 쐬며 노는 사이 깨달았다. 넘치는 돈을 마련하는 것보다, 재미있게 사는 요령을 터득하는 편이 더 쉽고 빠르다는 것을. 글을 쓰는 지금, 2월 중순의 강릉에는 함박눈이 펑펑 내려 종아리까지 발이 푹푹 빠진다. 이제 아이 손을 잡고 거대한 눈 토끼를 만들러 나가려 한다. 내가 선택한 '충분한 현재의 시간'은 두 번 다시 반복되지 않을 테니까.

휴직이라는 꿈,
빨 수 있을 때 빨아라

나는 미친 듯이 돈을 버느라 개인 시간이 거의 없는 녹초 인생보다, 적당히 벌고 여유롭게 사는 것이 좋다. 시간은 인간이 누릴 수 있는 자원 중 가장 가치 있는 것이 아닐까? 누구에게나 하루 24시간은 똑같이 주어진다.

아무리 돈이 많아도 시간을 되돌릴 수는 없다. 늙음은 사람을 기다려주지 않고 인생에서 다음을 기약하는 일들은 대체로 그다음에도 하지 못하는 경우가 흔하다. 그래서 나는 시간을 제대로 누리고 있다는 느낌을 중요하게 여긴다.

좋아하는 해안가 소나무 숲 산책과 호숫가의 새 구경

을 다음으로 미루며 살고 싶지 않다. 은퇴 후에 여유로워지면 놀겠다는 말은 놀지 않겠다는 것과 마찬가지다. 여유롭게 사는 것도 연습과 적응 과정이 필요하다.

갑자기 늙어서 할 일이 없어진다고 꿈꾸던 루틴이 바로 '짜잔!' 하고 실행되는 것은 아니지 않을까? 그래서 나는 한계가 분명한 우리의 인생에서 시간과 에너지를 적절하게 배분하고자 의식적으로 집중하는 편이다.

플로깅 Plogging(plocka up과 jogging의 합성어로, 쓰레기를 주우며 조깅하는 행동)을 하고, 동네 꽃집에서 국화꽃을 사고, 꼼꼼하게 분리수거를 하려면 시간이 필요하다. 시간은 금이다. 개인 용기를 지참하여 장을 보고, 원두커피를 내려 텀블러에 담아 다니고, 빨랫감에 곰팡이가 끼지 않도록 제때 세탁하고 건조시켜 개키려면 체력과 부지런함이 뒤따라주어야 한다.

건강도 금이다. 순포 해변의 백사장을 따라 걷거나 저녁에 교향악단 정기 연주회를 관람하려고 해도 역시나 시간과 체력이 필요하다. 인생은 결국 다양한 가치와 자원 사이에서 밸런스를 맞추는 게임과 비슷하다.

시간을 편하게 쓰려면 먹고사는 생활이 단단해야 한다. 너무나도 평범한 의견이지만, 배가 부르고 걱정이 없으면 다른 일을 할 힘과 의지가 생긴다. 맹자도 유항산 유항심有恒産 有恒心, 일정한 경제력과 재산이 있어야 지조와 양심을 지킬 수 있다고 일찍이 정리한 바 있다. 과연 어떻게 해야 생활이 흔들리지 않을까?

나는 크게 두 가지 방법이 있다고 생각한다. 하나는 돈이 넘쳐 흐르는 것이다. 나도 방법은 모른다. 태어났더니 부모님이 강남에 건물을 5채나 소유한 부동산 큰손이거나, 주식 배당만으로 4인 가구 평균 소득 이상이 발생한다면 가능할 수도 있다.

혹은 재미로 자동 번호 로또를 샀는데 1등에 당첨되는 행운을 타고나는 것이다. 세상에는 분명 운명적으로 부유해지는 사람이 있을 것이다. 문제는 확률이 0.001% 미만이라 내가 그 운명에 해당될 가능성이 낮아서 그렇지.

나는 금수저 운명에서 열외된 절대다수의 한 사람으로서 다른 방식의 접근을 취한다. 심플하다. 그저 작게 사는 것이다. 소박하게 살면 돈이 남는다. 운이 좋게도 나는 초등학교 교사이기에 월급은 많지 않아도, 휴직을 신청하는 데 눈치를 보거나 불이익이 발생하지 않는다.

다람쥐가 겨울에 대비하여 도토리와 잣을 모으듯 나는 휴직을 대비해 소박하게 살면서 저축을 한다. 돈이 어느 정도 모이면 '슬슬 시간을 내 좋을 대로 써볼까' 하면서 고민하지 않고 휴직을 신청한다. 단지 검소하게 사는 것만으로도 휴직 기간에 충분히 쉬면서 여가를 향유할 수 있다는 사실은 내게 삶의 신비처럼 다가온다.

소탈하게 살기 위해 억지로 애를 쓰는 것은 아니다. 천성적으로 허영이나, 과시하는 문화에 피로감을 느낀다. 가령 나는 유지비가 높은 취미를 피한다. 고정 지출이 늘어날수록 부족한 돈을 메우기 위해 더 많이 일해야 하므로 마음이 조급해진다.

고정 지출은 적을수록, 고정 수입은 많을수록 좋다고 믿는다. 나는 취미 관련 고정 지출이 늘어나는 것을 반기지 않는다. 나중에 경제적으로 넉넉해진다고 해서 갑자기 카레이싱에 도전하거나 하는 일은 없을 것이다(우승해서 상금을 탈 수 있다면 모르겠지만 말이다).

예컨대 직장 동료들 사이에서 최근 몇 년간 골프와 테니스가 선풍적인 유행이었다. 운동도 되고, 사회생활도 하는 거라면서 내게도 같이 치자는 제의가 들어왔다. 골프채를 새로 사게 되었다며 전에 쓰던 골프채 풀 세트를 통째로 주겠다는 선배도 있었다.

얼마나 재미있으면 값비싼 골프채까지 줘가며 제안

하나 싶어 스크린 골프장에도 서너 번 따라갔다. 그러나 나는 전혀 재미있지 않았다. 차라리 드넓은 필드에서 잘 하든, 못하든 채를 휘둘렀으면 녹지 공간에서 바람을 쐬 며 즐거운 한때를 보냈을지도 모른다. 그러나 어두컴컴 한 실내에서 컴퓨터로 구동되는 골프 게임을 위해 소중 한 저녁 시간을 묻고 있으니 적잖이 울적해졌다.

동시에 귀찮고 성가시다는 생각도 들었다. 골프를 즐 기기 위해서는 장갑과 신발, 골프 웨어로 분류된 옷, 그리 고 다양한 사이즈와 기능의 골프채까지 갖춰야 할 장비 들이 한둘이 아니었다. 달리기나 걷기는 운동화만 있으 면 된다. 장소나 환경도 달리기는 길만 있으면 할 수 있지 만, 골프는 연습장이나 필드 같은 장소가 주어지지 않으 면 아예 시도조차 할 수 없었다.

골프를 준비하는 것만으로도 몹시 번거롭게 느껴졌 다. 그뿐만 아니라 골프를 치는 사람들은 거의 레슨을 받 거나 별도의 훈련을 하고 있었다. 하다못해 집에 퍼팅 연 습용 매트를 깔아두고 끊임없이 공을 구멍에 집어넣고는 했다.

각종 소모품을 유지하고 관리하는 정성을 고려하면 골프는 이래저래 품이 많이 드는 운동이었다. 테니스도 별반 다르지 않았다. 레슨을 받고, 줄을 갈고, 복장에 신경을 쓰고, 파트너를 구해야 한다. 휴직 기간의 나는 아이 둘을 케어하고, 집안일을 부지런히 하는 사람이기에 준비 과정이 번다한 취미는 생각만으로도 피곤해졌다.

놓칠 수 없는 소박하고 확실한 행복

•

나는 혼자 있는 시간이 별로 괴롭지 않다. 단순하게 몸을 움직이며 정다운 침묵 속에서 보내는 시간이 좋다. 가벼운 산책, 근사한 코스의 트레킹, 아름다운 산행을 애정한다. 마음 맞는 친구가 함께한다면 대화하며 걷는 길도 괜찮다. 근사한 풍광 속을 같이 걷는 일은 그 자체로 멋진 추억이 된다.

대관령 치유의 숲에서 누가 실수로 떨어뜨린 물병이나 비닐봉지 같은 것이 있으면 가방에 담아오기도 한다. 소중한 산과 산에 오르는 다른 사람의 기분을 지켜주고 싶기 때문이다. 휴직 기간에는 시간이 많으므로, 정신없이 바쁠 때는 지나칠 수 있는 일들에도 정성을 기울일 수 있다. 재생 종이나 FSC인증을 받은 종이류를 찾아서 사용하고, 아이들이 그림 연습을 할 때도 이면지를 따로 보관해두었다가 양면을 다 쓴 후에 폐기한다.

종이가방도 잘 갈무리한다. 종이가방이야말로 재사용되어야만 의미가 있기 때문이다. 사람들은 종이가방이 플라스틱 제품보다 친환경적이라고 생각하지만, 종이가방 제작에 비닐봉지보다 더 많은 자원과 에너지가 투입되므로 한 번 쓰고 버려서는 안 된다.

만일 종이가방을 아무렇게나 버리면 매립지에서 메탄을 내뿜거나, 소각장에서 이산화탄소와 재를 배출하게 될 뿐이다. 재미있는 사실은 이렇게 환경과 내 일상의 연결성을 고민하는 것 자체가 저축으로 이어진다는 것이다. "그래, 금방 쓰레기가 될 것이 뻔해. 사지 말자"를 하루에 10번쯤 되뇌이다 보면 휴직할 돈이 모인다.

우리 부부는 건강하고 젊을 때의 시간을 충분하게 누리기 위해 휴직 제도를 적극 활용하고 있다. 아내는 두 아이를 낳고 총 4년의 육아휴직을 가졌고, 나도 아이들이 초등학교 1학년 때 각각 1년씩 육아휴직을 냈다.

휴직은 꿀이다. 아이의 등하교를 함께 하고, 학원 스케줄과 간식을 챙기고, 미술관과 음악회에 손잡고 다닐 수 있다. 한적한 시간대의 대형 마트에서 저녁 찬거리로 마감 세일 제품을 신난 얼굴로 담아올 수도 있다. 나른한 오후에 낮잠을 자거나, 보드게임도 자주 할 수 있다. 스택버거, 우노와 부루마블, 도블, 보난자, 할리갈리, 딕싯, 루미큐브…… 아직 언급하지 못한 게임이 열댓 개는 더 있다.

적게 쓰면 많이 쉴 수 있다. 우리 가족은 언제나 매달 흑자를 유지하며 조금씩 저축 중이다. 언제라도 지치면 쉴 수 있도록 곳간에 쌀을 쌓아둔다. 자꾸 반복하는 것 같지만, 그건 그만큼 중요해서다. 시간은 황금이다. 내 인생의 36살은 단 한 번이다. 되돌릴 수 없는 단 한 번의 생을 마음대로 쓸 수 있는 사람이고 싶다.

대신 그에 상응하는 대가도 지불해야 한다. 테슬라 전기차와 아이폰을 최신 모델로 바꿔 쓰며 즐길 수는 없을 것이다. 하지만 이제는 단종된 LG의 스마트폰 V30과 V50을 3년 넘게 쓰다 보면 계좌에 잔액이 쌓인다. 과소비와 과로의 무한 회귀 속에서 일찍 쓰러지는 불상사보다는 백번 낫지 않은가. 나는 덜 쓰고 많이 쉬는 쪽이 좋다.

'노세 노세 젊어서 노세', 나는 이 말이 많은 메시지를 함축하고 있다고 생각한다. 적어도 내게는 제법 묵직하고 의미심장한 말이다.

커피를
내려 마시는 삶

커피를 진지하게 마시기 시작한 것은 사회생활을 하면서 부터였다. 학창 시절에 졸음을 쫓을 목적으로 '레쓰비'를 마시거나, 군대 행정반에서 '맥심 모카골드'를 타 먹기도 했지만 그건 어디까지나 값싼 카페인이 필요하기 때문이었다.

내게 커피는 간단하게 피로를 잊는, 직장인이 당 떨어지면 주머니에서 꺼내 입에 넣는 미니 밀크초콜릿 같은 것에 지나지 않았다. 당연히 인도네시아 게이샤나 하와이안 코나처럼 품종을 따지는 고급 커피는 품격 있는 카페에서나 맛볼 수 있는 사치라고 생각했다.

강릉에는 테라로사와 보헤미안을 비롯해서 '아는 사람만 아는' 훌륭한 개인 로스터리 카페가 여럿 있다. 내 한 몸만 책임지면 되었던 싱글 시절, 나는 커피를 쉽게 사 마셨다. 외식도 자주 했다. 돈을 버니까 편안히 누려도 되는 권리라고 생각했던 것 같다.

이제 취직해서 한숨 돌렸으니, 돈은 천천히 벌어도 된다고 생각했다. 자취방은 영화를 보면서 휴식을 취하는 정도의 기능에 그쳤으며, 살림 냄새는 거의 나지 않았다. 그러다 결혼 생활을 시작하면서부터 나의 인생은 변하기 시작했다.

결혼한 지 반년이 지났을 무렵 귀한 첫 번째 아이가 생겼다. 아내는 임신한 몸으로 무리하게 직장 생활과 집안일까지 할 수 없었다. 우리는 퇴근길에 배달 음식을 시켜서 들어오거나, 배스킨라빈스에서 '스트레스 해소용의 차가운 화합물'을 잔뜩 챙겼다. 즐겨 이용하는 사이즈는 쿼터나 패밀리였으며, 통신사 할인을 받아 싸게 샀다며 깡총깡총 제자리 뛰기를 하기도 했다.

우리는 27살, 28살에 지나지 않은 풋내기 부부였다. 과거에 독립적으로 알차게 살림을 꾸려본 적도 없었다. 그 결과 우리 집 재활용 박스에는 언제나 아이스 아메리

카노 테이크아웃 컵이 들어있었다. 그 옆에는 치킨 무가 담겨있던 반투명한 사각통이 짝꿍을 이뤘다.

집 밖에서 모든 것을 해결하던 싱글 시절에는 몰랐다. 외부에서 누리던 서비스를 집 안으로 가져오면 얼마나 많은 쓰레기가 발생하고, 얼마나 많은 돈이 필요한지. 선배들은 결혼을 하면 생활비가 줄어든다고 말했지만, 신혼 때의 우리는 체감할 수 없었다. 그래도 한 가지 확실히 깨달은 것이 있다면, 식당의 음식값에는 설거지와 테이블 정리, 쓰레기 처리 비용이 들어있다는 사실이다.

모든 음식은 포장하는 순간 일거리가 되었다. 그다지 건강하지도, 맛있지도 않은 음식에 월급의 상당 부분을 써버리고 나면 깊은 허무에 빠져들었다. 피부는 푸석푸석하고, 살은 쉽사리 빠지지 않았으며, 통장 잔고는 간당간당했다. 외부 음식은 탈진한 초보 부부에게 필요악과도 같은 존재였기에 쉽게 포기할 수 없었다. 그러나 곧 우리가 도저히 외식을 포기하지 않을 수 없는 현실이 닥쳐왔다.

첫째 아이는 태어날 무렵부터 아토피 증세가 있었다. 식재료의 질이 나쁘면 곧바로 피부가 벌겋게 달아올랐다. 자고 일어나면 밤사이 아이가 긁어 만든 핏물과 진물이 뒤섞인 채 옷에 묻어있었다. 우리는 더 이상 피곤을 핑계 삼아 외식의 편의를 추구할 수 없는 입장이 되었다.

나와 아내는 하루 식비와 생활비부터 책정했다. 첫째에 이어 곧 둘째가 태어나고 4인 가구가 되면서 둘이서 데이트하던 시절의 소비 패턴으로는 식비와 생활비를 감당할 수 없었다. 더구나 우리는 월셋집에 살고 있었다. 나중에 전세로 전환하기는 했지만, 아이들이 크면서 구축 20평대 집은 좁게만 느껴졌다.

신혼집은 물에 석회가 약간씩 섞여 나와 전기 주전자 바닥에 허연 자국이 남았다. 베이킹 소다와 구연산을 묻혀 아무리 벅벅 문질러도 지워지지 않았다. 결국 좁은 집에 석회를 걸러준다는 정수기를 설치하고 말았다.

우리 가족에게 필요한 것은 오직 건강하고 단순한 살림이었다. 믿을 수 있는 깨끗한 물과 공기가 있고, 쓰레기가 적게 발생하며, 사람의 몸과 마음에 이로운 라이프 스타일. 그것은 최종적으로 우리 가족뿐 아니라 주변과 지구 환경 전반에 도움이 되는 단순함이었다.

맞벌이를 하면서 어린 두 아이를 키우려니 복잡한 것이 싫었다. 새봄의 미나리처럼 직관적이고 산뜻한 무언가가 간절했다. 예를 들면 정수기가 필요 없는 시원하고 깨끗한 물 같은 것 말이다. 우리는 소비를 줄여야 자연에도 이롭고 가족에게도 이롭다는 것을 지금껏 읽어온 책에서 배울 수 있었기에 과감히 지출을 줄였다.

농사를 짓는 장인, 장모님이 쌀과 약간의 채소, 직접 담근 장을 보내주셨으므로 하루 식비는 1만 5,000원으로 잡았다. 식비는 2021년 2만원으로 상향할 때까지 3년간 1만 5,000원을 유지했다. 물가가 상대적으로 저렴했던 2018년이라고 해도 결코 많은 액수는 아니었다. 1만 5,000원이 가능했던 이유는 육식 비중을 줄였기 때문이다. 믿기 힘들겠지만, 기후변화에 육식이 미치는 직간접적인 기여도는 거의 절반에 달한다.

20세기 이후 인간이 육식을 과도하게 즐기게 되면서 지구의 주요 삼림이 목초지로 바뀌었다. 단순히 동물들이 자라는 공간뿐 아니라, 동물을 먹이는 사료 작물을 재배하느라 광대한 숲을 밀어야 한다. 공장식 사육 공간에서 일평생을 착취당하다 끔찍한 고통을 당하며 짧은 생을 마감하는 동물들의 권리 문제도 있다. 우리 가족은 1.5평 남짓한 공간에서 오물과 악취에 시달리다 구제역 시즌에 살처분 당한 돼지 이야기를 듣고서 고기를 줄였다.

단순하고 힘 있는 밥상이 좋다

•

우리의 밥상은 소박하지만 영양을 골고루 갖췄고 맛있었다. 만화로 된 비건 요리책 몇 권을 사두었더니 채소를 활용한 요리법이 무궁무진하게 존재한다는 것을 알게 되었다. 우리 가족은 비건이 아니었지만 제육볶음이나 돼지고기 김치찌개를 기본으로 알았던 가족에게, 채소로만 밥상을 차려 먹는 사람들의 지혜는 무척이나 요긴했다. 흡사 외국에 가서 새로운 음식 문화에 적응하는 느낌이어서 재미있었다.

표고버섯과 다시마로 육수를 낸 들깨 칼국수는 집에서 시도해볼 엄두를 못 냈는데 예상보다 조리 과정이 복잡하지 않았다. 마침 장인어른이 직접 참나무에 표고버섯 종균을 심었기에 매년 〈슈퍼 마리오〉의 버섯만큼이나 큼지막한 녀석들을 잔뜩 공급받고 있었다. 또한 들깨 밭에서 깻잎과 들깨 가루도 무한에 가깝게 생산되었다. 흔히 마트에서 파는 깻잎이 참깻잎인 줄로 알았던 나는 무성한 들깨 숲에서 '똑똑' 잎을 따며, 새삼 식물의 세계에 무심했던 지난날을 반성했다.

아이들도 깻잎 따기에 동참했다. 물론 몇 장을 겨우

따다가 곧 들깨 숲 사이로 사라져서는 쪽파 밭 이랑 옆에
엉덩이를 깔고 놀았다. 아이들은 굼벵이와 땅강아지를
잡느라 매번 옷을 먼지와 흙으로 뒤덮었지만, 그건 그것
나름대로 멋진 유년기의 일부라고 생각되었다.

텃밭은 비가 오면 진흙 놀이터가 되었고, 맑은 여름날
에는 반짝이는 매미 허물이 숨겨져있는 보물찾기 장이
되었다. 부모로서는 키즈 카페나 놀이동산처럼 지근거리
에서 일거수일투족을 지켜보지 않아도 되어서 무척 마음
에 들었다. 적당히 서로의 위치와 목소리를 체크하며 각자 할 일을 하는 일요일 오후는 한가로웠다.

고추와 방울토마토를 따다가 지치면 집에서 내려온 드립 커피를 마셨다. 콩을 사다가 직접 갈아 마시면 커피 값을 4분의 1 수준으로 줄일 수 있었다. 가격보다 좋은 것은 양질의 커피 생활이었다.

나는 별로 쓸모는 없지만 결혼 전 '바리스타 자격증'을 취득해서 꾸준히 커피를 내려 마셨다. 그래서인지 원두를 고르거나, 커피를 내리는 과정이 부담스럽지 않았다. 프렌차이즈 카페의 강배전 블렌드 아메리카노가 아니라, 엄선한 스페셜티 원두로 내린 드립 커피를 매일 즐길 수 있는 강릉 라이프는 정말 흡족했다. 우리는 9월에 르완다, 11월에 과테말라 원두커피를 내려 마셨다.

살림의 규모를 줄이자 마트에 가는 횟수가 줄었다. 자동차를 적게 타고, 흙을 자주 만졌다. 농부들이 쓰는 챙이 넓은 밀짚모자를 쓰고 고구마를 캔 날 밤에는 푹 잠에 들었다. 첫째의 아토피는 어느새 자취를 감췄고, 눈물겨운 진물 묻은 옷 세탁도 사라졌다. 늦게 자고 싶어하던 아이들도 밭에 다녀오면 깨끗하게 씻고는 콜콜 잘 잤다.

햇빛과 땀은 밤에 잠을 부르는 지구의 기본 규칙 같았다. 낮에 캔 고구마를 그늘에 말려 놓고, 고추 튀김을 초

간장에 찍어 먹으면 정말 맛있었다. 방금 뽑은 대파와 양파에서는 단맛이 났다. 채식 위주의 식사는 배불리 먹어도 똥배가 나오지 않았다. 기분 좋게 먹고, 개운하게 샤워하고 단잠에 든다.

살림에서 유행을 추구하지 않으면 쓰레기도 별로 없고, 돈도 그다지 들지 않았다. 텃밭 위 하늘에 떠다니는 구름을 바라보는 것도 새로운 기쁨이었다. 이제 나는 분리수거를 예전보다 띄엄띄엄해도 된다. 아침에 눈을 뜨면 별 생각 없이 원두를 두두두 핸드 그라인더로 갈고, 물을 끓인다. 김이 모락모락 나는 브라질 엔리케를 한 모금 마셨더니 태엽을 감은 듯 정신이 또렷하다.

요즘 왠지 덜 피곤한 것 같다. 잠도 안 설치고, 체력도 남는다. 예전만큼 '자극적인' 맛집 투어를 하느라 진 빼지 않고, 마트에 여가의 상당 부분을 할애하면서 에너지와 시간을 소진하지 않아서 그런 것 같다. 살림 비용이 줄어드니 돈을 많이 벌어야 한다는 압박도 덜하다. 예전에 검도를 배울 때 사범님이 어깨에 힘을 빼고 검을 휘두르라고 하셨는데, 어떤 감각인지 조금은 알 것 같다. 살림도 힘을 빼면 편하다. 역시 단순한 라이프가 좋다.

2

One health, One wealth

지구 생태계는 이어져있다. 하나가 아프기 시작하면 모두가 아프게 된다. 아마존이 가축 사료 재배를 위한 밭으로 개간되면, 그리스와 스페인의 여름에 산불이 빈번해진다. 지구에 사는 이상, 지구와 지구 공동체의 건강인 'One health'는 숙명이다. 자본주의 시대의 과잉 소비는 지구 공동체를 병들게 한다. 대량 생산, 대량 폐기, 대량 소비의 법칙을 따르기 때문이다. One health를 지키기 위해서는 소비를 줄여야 한다. 소비를 줄이면 '종잣돈'이 모인다. 티끌 모아 태산이듯, 개인의 전체적인 부도 결국 사소하게 반복되는 과잉 소비를 경계하는 가운데 형성되는 것이다. 이것이 환경 보호를 위한 절약으로 쌓이는 자산인 'One wealth' 개념이다. One health와 One wealth는 서로 연결되어 있다.

통장 잔고와 지구가
모두 기뻐하는 일

지금까지 살면서 가장 혼란스러웠던 시기들은 돈이 부족했던 시기였고, 돈이 부족했던 이유는 내 생애 가장 지구 악당처럼 굴었기 때문이다. 너무 많은 소비로 내 통장 잔고와 지구 모두를 아프게 해버렸다. 지구의 자원을 소모하고, 탄소 배출량을 늘린 후, 결국 쓰레기를 만들어내고 말았다.

첫 번째 혼란. 신혼집을 알아보는데, 돈이 부족했다. 우리가 번 돈은 다 어디로 가버린 걸까? 사실 알고 있었다. 너무 많이 써서 없어져 버린 거다. 원인과 결과가 뚜렷했다. 그동안 우리의 돈은 옷과 가방, 신발과 문구류,

수많은 밥과 커피, 맥주로 흘러갔다. 다행히 지방이라 낡고 좁지만 깨끗한 복도식 아파트를 구했다. 22평에 월세는 5만 5,000원 남짓이었다. 한고비 넘겼다.

곧이어 두 번째 혼란. 내가 육아휴직을 하면서 우리집은 외벌이가 되었다. 한 달 벌어 한 달 쓸 돈은 있었지만, 저축할 여유는 없었다. 키즈 카페 뺨치게 집 구석구석을 아이 장난감으로 가득 채우고, 육아를 편하게 해준다는 온갖 제품을 들이다 보니 자꾸 돈이 샜다.

답은 나왔다. 절약! 적게 벌면 적게 쓰면 되지! 하루 식비는 1만 5,000원, 장보기를 최소화하는 냉장고 파먹기는 기본, 불필요한 물건은 중고로 팔아 저축했다. 가진 물건은 비우고 새 물건을 더 이상 들이지 않으니, 아이 물건으로 발 디딜 틈 없던 집도 쾌적해지고 지갑도 두툼해졌다. 무엇보다 가장 신기했던 것은 물건을 사지 않아도 일상은 부족함 없이 단정하게 흐른다는 점이다.

하루 세 끼 따뜻한 식사, 아이와 함께 안전하고 쾌적하게 살 수 있는 집, 어디든 갈 수 있는 교통망, 언제나 열려 있는 무료 공공시설인 공원, 넘쳐서 문제인 옷과 신발, 읽고 싶은 만큼 읽을 수 있는 책, 누구에게나 열려있는 미술관과 음악회, 거의 공짜로 아이들을 가르쳐주는 어린이집과 유치원(이쯤 되면 대한민국 만세!). 사치하지 않아도 풍요로웠다.

절약은 미니멀 라이프로 이어졌다. 물론 잡지에 나오는 미니멀 라이프의 모습은 아니었다. 하얀 공간에 하늘하늘한 커튼, 그리고 원목 테이블 위의 따뜻한 차 한 잔. 이런 우아한 자태를 뽐내는 미니멀 인테리어는 돈이 들었다.

대신 건조대 발목이 부러져도 창문에 기대어 최대한 오래 썼고, 청소기 대신 빗자루로 작은 집을 고요히 쓸어보았다. 계절마다 새로 들이던 옷이나 액세서리도 더 이상 사지 않고 가지고 있는 것들을 오래 입었다. 돈을 아끼려고 시작했지만 자연스럽게 '불필요한 물건을 들이지 않는' 미니멀 라이프의 본질을 실천하게 된 것이다.

미니멀 라이프는 제로 웨이스트Zero Waste로 이어졌다. 최소한의 물건으로 살다 보니 소비가 줄었다. 소비가 줄어드니 예전처럼 많은 쓰레기가 생겨나지 않았다. 불필요한 물건 속에는 천연 자원, 생산-유통-폐기 과정에서 발생하는 탄소 배출물, 그리고 예비 쓰레기가 포함되어 있다. 기후위기는 지구 생명체의 생존을 위협하고 있다. 2050년쯤에는 쓰레기 팬데믹으로 바다에 물고기보다 쓰레기가 더 많아질지도 모른다. 살까, 말까 망설여질 때 사지 않는 일은 기후위기와 쓰레기 팬데믹의 가장 근본적인 해결책이다.

지금은 내 생애 가장 안정된 나날을 보내고 있다. 절약가는, 미니멀리스트는, 그리고 제로 웨이스트는 결국 넉넉해질 운명이다. 이유는 단순하다. 돈을 안 쓰면, 돈이 남고, 남는 돈은 모은다. 덕분에 경제적으로 자립할 수 있었고, 내 생에서 지구에게 가장 덜 해로운 일상을 보내고 있다. 기후위기 시대에 소비는 더 이상 미덕일 수 없다. 이제는 더 많이 소비하기보다, 더 적극적으로 절약하기가 내 통장 잔고와 지구 모두를 기쁘게 하는 일이다.

플라스틱 사진 찍기로
생활비가 줄었습니다

지구가 이 지경이 되기까지 고작 30년 걸렸다. 북극 한파, 초대형 산불, 미세먼지, 코로나, 가을 태풍. 기후위기는 겨우 한 세대의 작품이었다. 내 나이 30대. 딱 내가 살아온 만큼, 기후위기를 촉발하는 탄소 중 절반 이상이 배출되었다.

난폭한 괴물이 마을을 파괴한다는 소문이 돌았는데, 알고 보니 그 괴물이 나였다는 이야기다. 실제로 나는 탄소 배출물을 급격하게 뿜어 댄 세대답게 잘 먹고 잘 입으며 컸다. 매일 고기를 먹고, 옷장에는 옷이 그득했다. 길을 걷다 일회용 컵에 커피를 테이크아웃해서 기분 전환을 했으며, 화장대에는 립스틱을 색깔별로 늘어놓았다.

소비는 기후위기를 촉발한다. 생산과 유통 구조가 바뀌지 않는 한, 우리의 소비는 결백할 수 없다. 기업은 옷을 생산하기 위해 수십 톤의 물을 쓰고, 서울 면적 18배만큼의 아마존을 불태워 고기를 판매한다. 우리가 소비하는 상품의 이면에는 탄소 배출이 숨어있다.

이 모든 문제가 상품을 팔아 이윤을 남기는 기업과 막대한 양의 탄소 배출을 방관하는 법률 탓일까? 기업과 정치인들을 기후 악당으로 만들고, 나는 어쩔 수 없다는 듯 살던 대로 살아보려고도 했다. 내 탓이 아니라고. 하지만 그들이 우리를 대신해 죄를 짓는 것이라는 《우리가 날씨다》의 저자 조너선 사프란 포어의 말이 맴돌았다.

내가 필요한 상품을 생산하느라 기업이 나 대신 죄를 짓다니. 기업의 죄를 줄여주기 위해 내가 할 수 있는 일은 '덜 사는' 거다. 소비를 줄임으로써 그들의 상품이 하나라도 덜 생산되어야 했다. 동시에 상대적으로 기후위기에 결백하게 대응하는 기업과 자영업자의 상품을 소비했다.

더 나은 생활을 추구하는 태도는 언뜻 당연해보인다. 하지만 지금처럼 풍요로운 생활이 누적되면 데이비드 월러스 웰즈의 책 제목처럼, '2050년 거주불능 지구'만 남을 것이다. 그러므로 풍족한 삶을 살아온 나에게는 기후 위기에 대응해야 할 1인분의 책임이 있다.

일단 쓰레기 지옥에서 벗어나 보기로 했다. 재미와 의미를 모두 갖춘 흥미로운 계획도 떠올랐다. 특히 나처럼 글로 소통하기 좋아하는(이라 쓰고 SNS에 중독되어 사람들의 관심에 도파민이 치솟는 사람이라 읽는다) 사람에게 안성맞춤인 계획이었다.

나는 일주일에 한 번, 우리 집의 플라스틱 배출량을 기록하기 시작했다. 규칙은 간단했다. 일주일 동안 나와 남편, 그리고 두 아이가 먹고 마시고 사용한 플라스틱 흔적들을 사진 한 장에 고스란히 담은 후, 블로그에 공개하기. 나의 쓰레기를 남들이 보고 있다면 나도 모르게 줄일 수밖에 없겠지? 스스로를 SNS에 가두기로 했다. 이 도전이 내 발목을 얼마나 잡을지 상상도 못 한 채.

쓰레기 사진을 찍는 사람이 되었습니다

•

아이들의 가방에서 플라스틱 교구가 우르르 쏟아졌다. 이걸 어쩌나? 당황스러웠다. 처음부터 내가 어찌할 수 없는 벽에 부딪힌 기분이었다. 어린이집과 유치원에서 과

학 놀이, 미술 놀이를 한 후 교구를 고스란히 가져온 것이다. 작은아이의 가방에는 1) 비닐 지퍼 백에 2) 플라스틱 일회용 컵과 3) 스티로폼 공이 단정하게 담겨있었다. 큰아이의 가방에서는 4) 비닐 지퍼 백에 5~9) 플라스틱 통에 담긴 5개의 놀이 점토가 나왔다. 아침에는 없던 플라스틱이 오후에는 9개나 늘어버렸다.

　하필 도전 첫 주부터 운이 나빴던 걸까? 아니다. 그저 내가 신경 쓰지 않았을 뿐이다. 우리는 어린 시절부터 플라스틱과 함께 살아가고 있었다. 한 줌의 점토조차 30분

뒤에 버려질 플라스틱 용기에 포장되어 있다. 그동안 일회용 포장을 너무 당연하게 여긴 나머지, 아이들 가방에서 플라스틱이 나올 거라 예상하지 못했다. 사진을 찍기로 결심한 후부터 더 이상 일회용 포장은 자연스럽거나 당연한 물건이 아니었다. '플라스틱 배출 기록' 도전의 걸림돌일 뿐이었다.

며칠 뒤 엄마가 우리 집에 왔다. 당시는 강릉으로 이사하기 전인 동해에 살던 때였다. 친정 부모님과 우리는 차로 15분 거리여서 자주 오가는 편이라, 별스러운 일도 아니었다. 엄마가 양손에 손주들 간식으로 플라스틱 통에 담긴 요구르트와 딸기를 잔뜩 들고 오시는 일 또한 평소와 다를 바 없었다. 모든 것은 그대로였다. 달라진 것은 플라스틱 배출 기록에 도전한 나뿐이었다. 플라스틱은 너무 흔해진 나머지, 선물을 받는 순간조차 기쁨과 슬픔이 교차했다. 도전 첫 주부터 깨달았다. 앞으로 쓰레기가 눈에 들어오리라는 것을, 그리고 하루에도 몇 번이고 눈에 밟히리라는 것을 말이다.

지금까지 어린이집이나 유치원, 엄마 얘기만 했지, 나 또한 내 손으로 직접 플라스틱을 샀다. 비닐은 아찔하게 많았다. 라면 사리, 콩나물, 두부 용기의 껍질부터 애호박을 감쌌던 랩, 시리얼과 빵 포장까지 죄다 비닐이었다.

플라스틱 용기를 피하고자 산 판두부는 비닐봉지에 담겨있었다. 집에서 챙겨간 밀폐용기에 두부를 담아오지 않는 한 플라스틱 용기든 비닐이든, 지구에서 썩지 않고 미세 플라스틱이 되어 인류를 괴롭힐 석유 찌꺼기들이 집요하게 따라다녔다.

비닐이나 스티로폼이 아닌 우리가 일반적으로 알고 있는 '플라스틱'도 마찬가지로 넘쳐났다. 마들렌은 플라스틱 뚜껑이 덮인 종이 용기에 포장되었다. 케첩이나 마요네즈, 식용유 같은 식재료부터 설거지 세제, 세탁 세제, 샴푸와 보디워시, 하물며 칫솔과 치약까지 모두 플라스틱투성이였다. 나중에 우리가 입는 '폴리' 계열의 옷조차도 플라스틱이라는 사실을 알았을 때는 정말이지 울고 싶었다. 공익광고에 나오듯 우리의 작은 실천이 모인다 해도 지구가 회생 가능한 건지 의문이 들었다.

내가 할 수 있는 일이 없다는 마음은 나의 게으름과 방관을 합리화할 뿐이었다.

'이봐. 완벽하지 않을 바에야 아무것도 하지 않는 게 낫다는 뜻이야?'

그건 아니었다. 털고 일어났다. 뭐라도 해야 했다.

일단 소비 방식을 바꿨다. 그러면 필요한 것을 포기하지 않고, 플라스틱도 줄일 수 있었다. 종이 팩과 유리병에 담긴 물건을 고르고, 배달 음식이나 포장 음식을 지양했다. 맥주와 식용유는 유리병에 담긴 것으로, 우유는 비닐 포장 없이 파는 상품을 구매했다.

치약은 종이 팩에 포장된 고체 치약, 칫솔은 나무 칫솔, 샴푸는 샴푸바, 샤워는 비누, 주방 세제는 설거지 비누를 썼다. 배달 음식을 먹고 싶어도 5번 중 4번은 참았다. 그래도 먹고 싶을 때는? 빈 용기나 냄비를 들고 가게에서 직접 포장했다. 다진 마늘 하나도 비닐에 소분해서 파는 밀키트는 거들떠보지도 않았다.

미처 피하지 못한 비닐봉지와 플라스틱에는 씻어서 다시 쓰는 '재사용 reuse' 전략을 취했다. 비닐봉지는 주로 음식물 쓰레기를 모아버리는 데 썼다. 때로는 마트에 비치된 비닐을 거절하고, 면 주머니에 채소를 담아온 후, 씻어 말린 비닐에 담아 보관했다.

플라스틱 용기도 씻었다. 특히 딸기 팩은 튼튼하고 용량도 넉넉해 칼국수 면이나 삶은 시래기를 담을 때 딱 좋았다. 덕분에 우리 집 건조대에는 빨래처럼 비닐이 널려

있고, 에어컨 실외기 위에는 플라스틱 용기들이 뽀송뽀송 말라가고 있다. 멋은 없지만, 의미는 있다. 생각하는 대로 사는 풍경 같아 볼 때마다 신난다.

완벽하지 않아도, 쓰레기를 조금씩 줄일 수 있었다. 아찔한 쓰레기 더미에 맞설 요령을 터득해 갔다. 기후위기에 대응하기 위해 조금 불편하더라도, 덜 풍요롭게 살아보려 했다. 하지만 애쓸수록, 내가 얼마나 넉넉한 나라에서 살고 있는지를 깨닫게 될 뿐이었다. 나는 포기한 것이 별로 없었다. 맥주도, 커피도, 외부 음식도 모두 가능했

다. 단지 조금만 부지런하면 되었다.

지구를 구하는 가계부

•

사서 고생일까? 아니었다. 마냥 나를 희생하는 이타적인 일인 줄만 알았는데, 지구를 지키는 일은 나를 지키는 일로 보답받았다. 기후위기에 적극적으로 대응하기 시작한 2020년 10월부터 변동 생활비가 줄었다. 변동 생활비에는 식비(식재료, 외식, 카페), 생활비(의류, 의료, 유류, 대중교통, 여가, 잡화) 등이 포함된다. 부부 용돈은 각자 한 달에 15만 원인데, 변동 생활비에는 포함하지 않았다.

변동 생활비를 70만 원대로 마감한 적도 석 달이나 된다. 짜장면 한 그릇에 8,000원이 되어버린 요즘 같은 고물가 시대에도 변동 생활비는 늘 100만 원 언저리다. 심지어 친환경(유기농, 무농약, 동물복지) 식재료를 먹어 몸이 호강하는데도, 우리 집 통장 잔고는 늘 안전하다. '친환경'이 무엇일지 고민을 거듭할수록 한 가지 결론으로 수렴했기 때문이다.

페트병에 담긴 맥주와 유리병에 담긴 맥주 중 무엇이 더 환경에 이로울까? 정답은 알 수 없다. 플라스틱은 화석 연료를 이용해서 생산되고 지구에 영원히 미세 플라스틱을 남긴다는 점에서 해롭지만, 유리병은 무거워서 문제다. 수송 과정에서 너무 많은 탄소를 배출하기 때문이다. 그래서 우리는 '덜' 마셨다. 배달 음식도 줄였다. 한 번만 시켜 먹어도 온갖 쓰레기가 배출되어 충격을 받았기 때문이다.

플라스틱 배출 기록을 거듭할수록 절약이야말로 가장 친환경적인 행동이라는 것을 절감했다. 사지 않으면 쓰레기도 없다. 절약가들 때문에 경제가 돌아가지 않는다고 한다. 하지만 그들의 지갑을 열게 할 방법이 있다. 어떤 물건을 사도 후손들 보기가 죄스럽지 않을 소비 환경을 갖추면 된다. 마음에 쏙 드는 예쁜 원피스가 잘 관리된 중고 의류라면, 아이가 사달라고 조르는 조악한 장난감의 재활용률이 높다면, 나 같은 사람들도 지갑을 연다.

실제로 코로나가 기승을 부려 아이들이 유치원과 어린이집에 못 갔던 해 겨울, 우리 가족이 지출했던 26만 5,557원의 생활비 중 13만 50원은 책값이었다. 우리가 책을 샀던 책방은 일회용 테이크아웃 잔과 플라스틱 빨대를 제공하지 않는 친환경 매장이었다.

이것도 모자라 유치원과 어린이집에 못 간 아이들을

위해 교육비로 이 책방에서 8만 5,000원을 더 썼다. 조금 과격한 느낌이 들지만, 돈으로 혼쭐을 내준다는 '돈쭐'이라는 말이 좋다. 마음 따뜻한 사장님들이 부자가 되길 진심으로 바란다. 환경을 파괴하는 기업의 물건을 사거나 서비스를 이용하면 돈을 쓰고도 수치심이 든다. 그렇기에 수치심이 들지 않는 곳에서는 나의 적은 돈이나마 가게 운영에 보태고 싶다.

지구가 망할 것 같아 뭐라도 한다. 자주 실수하지만, 때로는 성공하기도 한다. 그 흔적은 가계부에 고스란히 남았다. 우리 집 가계부는 '지구를 구하는 가계부'가 될 수 있을까? 모른다. 하지만 기후위기 시대에 풍요로우면 안 될 것 같다. 할 수 있는 일을, 할 수 있는 만큼 뭐라도 해야 하는 시대이므로.

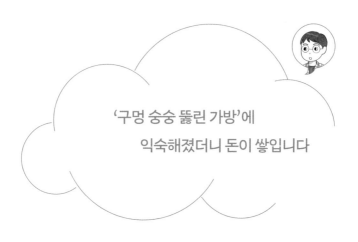

'구멍 숭숭 뚫린 가방'에
익숙해졌더니 돈이 쌓입니다

우리 집은 언젠가부터 비닐봉지를 거의 사용하지 않게 되었다. 다회용 용기를 사용하는 버릇이 들다 보니 비닐봉지가 필요하지 않았다. 다만 싱크대 수납함에 산더미처럼 쌓여있는 기존 비닐봉지가 골칫거리였다. 일부러 모으려고 한 건 절대로 아니고 저절로 모였다.

우리나라의 비닐봉지 사용량은 무려 연간 255억 장이다. 바나나 하나, 키위 몇 알조차 비닐에 싸여있다. 아내는 콩나물 봉지도 버리기 아까워 씻어 말린 다음 쟁여 둔다. 나중에 음식물 쓰레기봉투로라도 쓰기 위해서다.

그런데 비닐봉지 누적 속도가 배출 속도보다 월등히

빨랐다. 내 눈에는 비닐봉지가 자가증식 하는 괴물처럼 보였다. 아내는 비닐을 한 번이라도 더 재사용하겠다는 의지로 충만했지만, 매일 빨래 건조대에 널린 비닐을 보고 있자니 썩 기분이 좋지 않았다. 그래서 최근에는 리유즈백Reuse bag을 사용한다.

리유즈백은 비닐 대신 사용할 수 있는 천 가방이다. 그물처럼 촘촘한 구멍이 뚫려있어 통풍이 잘되고 질기다. 보통 마트에서 야채나 과일을 담을 때 사용한다. 사용 방법은 간단하다. 당근, 감자를 담고 점원분께 무게를 달아달라고 하면 된다. 안이 잘 안 보일 수 있으니 입구 부분을 벌려 내용물을 확인시켜 드리면 좋다. 본인이 직접 무게를 달아 가격 스티커를 붙여도 되지만, 내용물이 보이지 않아 불필요한 오해를 살 수도 있으므로 나는 가급적 부탁드리는 편이다.

예상치 못하게 리유즈백을 거절당하는 애로 사항도 있다. 고백하자면 나는 첫 사용부터 순조롭지 않았다. 아내의 리유즈백 성공담에 자극받아 홀로 마트로 향한 어느 날이었다. 장바구니에는 두 개의 천 가방이 들어있었고, 왠지 모르게 두근두근 긴장되었다. 아무도 신경 쓰지 않았지만, 괜히 튀는 짓을 한다는 인상을 풍기고 싶지 않았다. 주목받는 느낌이 들면 부담스럽기 때문이다.

'자연스럽게, 최대한 부드러운 동작으로 쓱 사고 나오는
거야.'

나는 카레라이스 재료를 사고자 야채 코너로 향했다.
비닐 랩으로 포장된 중국산 세척 당근을 가볍게 지나쳤
다. 내가 도착한 곳은 터프하게 쌓여있는 국내산 흙 당근
코너. 다른 손님이 롤 형태로 비치된 비닐봉지를 뜯는 동
안 나는 유유히 리유즈백을 꺼냈다. 잠재적 비닐 쓰레기
하나가 사라지는 순간이었다. '흐음, 리유즈백은 이 맛에
쓰는 것이군' 하면서 룰루랄라 집게를 들다가 사고를 치
고 말았다.

피라미드 형태로 적체되어 있던 당근의 중간 부분을
건드린 게 화근이었다. 나는 그저 그 당근이 튼실하게 보
여서 집었을 뿐이었지만, 물리학의 세계에서는 당근 피
라미드의 무게중심을 무너뜨리는 행위였다. 내가 당근을
들어 올리자 산사태, 아니 '당근사태'가 벌어졌다. 우두두
두. 둥글둥글한 당근이 위에서부터 차례로 무너져 내렸
다. 주목받는 걸 싫어하는 나는 양손과 팔뚝, 집게를 이용

해 다급히 인간 옹벽을 쳤다. 굉장한 주목 효과가 있었다. 하지만 허술한 빈틈으로 당근 하나가 빠져나왔고, 나는 2초간 저글링 비슷한 짓을 하여 무릎 언저리에서 겨우 당근을 잡았다. "휴우" 짙은 한숨이 나왔다.

아마 그때부터 야채 코너 점원분이 나를 주시하셨던 것 같다. 덩치 큰 남자가 이상한 천 가방을 꺼내더니 주의를 끌기 위해 서커스를 하면서 소중한 상품에 위협을 가한다. 이것이 대략적인 나의 인상이지 않았을까? "험험" 잠시 헛기침을 했다. 그리고는 짐짓 아무렇지 않은 듯한 얼굴로 당근을 유유히 리유즈백에 담았다. 가격표를 받기 위해 점원분께 다가갔다. 점원분의 몸에서 노골적인 경계심이 뿜어져 나왔다.

"당근 무게 좀 부탁드립니다."
"여기에 담으시면 안 돼요. 저거 쓰세요."

단호한 말투, 당근이 조각나 버릴 것 같았다. 점원이 가리킨 '저거'는 당연히 비닐봉지를 의미했다. 야채는 비닐봉지에! 그것이 마트 세계의 규칙인 듯했다. 하지만 나도 나름 다회용 용기 사용으로 단련된 몸이다. 배스킨라빈스에서 패밀리 사이즈 5가지 맛을 스테인리스 용기에 받아오기도 했다.

'침착하자. 공손하게 리유즈백 사용 의도를 말씀드리면 된다.'

그러나 어쩐지 어버버하면서 입이 떨어지지 않았다. 아무래도 당근 피라미드를 무너뜨린 여파로 점원분께 더 이상 폐를 끼쳐서는 안 된다는 부담감이 생긴 탓이었다. 일단 물러섰지만 그렇다고 당근을 포기할 수는 없었다.

쑥스럽다고 포기한다면 앞으로 마주하게 될 유사 상황에서 의기소침하게 좌절할 것만 같았다. 그럴 수는 없었다. 지금 지구는 한 사람이 1년간 사용한 비닐봉지에서 54.1kg의 온실가스가 발생하는 바람에 뜨거워지고 있다. 다시 한번 용기를 냈다. 내가 재차 접근하자 흠칫 놀라셨다. 할 말을 신중히 골랐다.

"죄송한데요, 환경을 생각해서 천 가방 쓰는 건데 당근 무게 좀 달아주시면 안 될까요? (단골임을 강조하듯이) 저번에 아내도 천 가방에 당근을 담아왔더라고요."

환경을 고려한다는 명분이 점원분의 마음을 조금 누그러뜨린 걸까? 점원분은 잠시 뜸을 들이더니, 마지 못해 리유즈백을 받았다. 나를 찬찬히 보고는 한결 나긋해진 목소리로 말했다.

"저번에 그 애기 엄마 아저씨인가 보네.
　무게가 더 많이 나갈지도 모르는데 괜찮아요?"
"네, 괜찮습니다. 고맙습니다."

인상 좋은 아내 덕에 무사히 당근을 살 수 있었다. 스티커에는 가방 무게로 인해 50원이 더 찍혀 있었다. 나도 모르게 웃음이 나왔다. 50원어치 사치품을 산 기분이었다. 기묘한 즐거움이 몸을 타고 흘렀다.

절제의 미덕을 발휘함으로써 사치품 충동구매와 비슷한 수준의 도파민을 느낄 수 있다는 사실은 인상적인 발견이었다. 일회용 비닐과 플라스틱을 사용하지 않으면 최소 세 번 즐거울 수 있다.

첫째로는 집으로 돌아오는 길에서 느끼는 도덕적인 뿌듯함이다. 나는 리유즈백을 사용함으로써 환경에 도움이 되는 방법을 실천했고, 점원분과 주변의 손님들에게도 새로운 삶의 방식을 알렸다. 대단히 어려운 일은 아니지만, 소소한 파급효과가 있고 리유즈백 사용을 망설였던 사람에게 용기를 줄 수 있다.

둘째는 집밥의 빈도가 높아져 몸이 건강해진다. 일회용 포장을 줄이려면 원재료를 구매할 수밖에 없다. 신선한 제철 야채와 과일, 생선과 고기를 자주 먹게 된다. 화학조미료가 들어있지 않은 양질의 식재료로 집밥을 자주해 먹었더니 피부가 맑아졌다. 또 설탕이나 기름을 많이 사용하지 않아서 그런지 배불리 먹어도 체중이 쉽게 불어나지 않았다. 마트를 걸어 다니면서(왕복 1,500보!) 운동까지 되니 일석삼조다.

마지막은 예상 밖의 금전 수익이다. 외식이 비싼 줄은 알고 있었지만, 집밥과 이 정도로 차이가 날 줄은 몰랐다. 불필요한 포장 용기를 줄이려고 소비를 가려가며 했을 뿐인데, 2020년 12월 우리 집 식비(4인 가구)는 53만 1,570원이 나왔다.

코로나로 재택근무를 하고, 유치원과 어린이집을 가정 보육으로 대체하느라 하루 세 끼 집밥을 먹었다는 걸 감안하면 매우 양호한 축이다. 반년간 통계를 내어보았더니 대략 식비 30%를 절감할 수 있었다. 억지로 저렴한 메뉴를 먹거나, 양 조절을 하지 않았기에 더욱 값진 수확이었다.

리유즈백을 지참한 친환경 장보기는 시간이 부족해 환경 보호 활동을 하기 어려운 분들도 비교적 부담 없이 참여할 수 있다. 천 가방을 집에서 만들 수 있다면 더욱 멋지다. 우리는 운 좋게 선물로 받아 잘 사용하고 있지만, 솜씨가 뛰어난 분들은 남는 천을 이용하여 개성 넘치는 가방을 충분히 만들 수 있을 것이다.

결제를 마치고 나오는 길에 계산원분이 지나가듯 한마디 툭 던졌다.

"요새 저런 가방 자주 보이네. 비닐 안 쓰고 좋지 뭐."

나를 특정해서 말하지는 않았지만 따뜻하게 지지받는 기분이 들었다. 잠재적 동료가 생긴 것만 같았다. 비닐봉지 사용이 기본인 세상에 건강한 균열을 내려면, 기쁨이 필요하다. 나는 생태계가 붕괴한다는 공포심을 자극해 환경 캠페인에 동참하게 만드는 것도 필요하지만, 비닐봉지 한 장 줄이면서 얻는 소소한 보람과 행복을 사람들이 우선 맛보았으면 좋겠다. 모멸감을 쉽게 느끼게 하

는 자본주의에서 얼마 되지 않는 참되고 편안한 만족감
이 플라스틱 해방에 있다.

리유즈백 그물 구멍 사이로 당근의 흙이 떨어져 나왔
다. 손가락으로 비비니 지문에 거뭇한 자국이 남았다.

'맞아, 흙당근에서는 흙이 나오지.'

흙에서 캐온 작물을 사면서 그간 손에 검댕 한 줌 묻
히지 않았다는 사실이 무척 어색하게 느껴지는 하루
였다.

9년 참았습니다. 장마철에도
건조기는 안 살 겁니다

'작년 장마철에 건조기를 샀어야 했는데……, 아니야 지금
집도 좁아. 물건 줄이기로 했잖아…….'

나는 몇 년째 이러고 있다. 무한 생성되는 미로를 헤매듯
빨래 건조기를 살까 말까 고민 중이다. 10년째에 접어든
통돌이 세탁기는 가끔 탈수를 못 한다. 경증 건망증에 걸
린 것처럼 한 번씩 오작동을 일으킨다.

물이 뚝뚝 떨어지는 빨래를 도로 집어넣고 탈수 버튼
을 누를 때면 건조기 구매 충동이 턱밑까지 차오른다. 이
러한 고민이 어리석은 줄 알면서도 멈출 수 없는 이유는

편익과 환경이 상충되기 때문이다. 음양의 이치처럼 편익과 환경은 우리 가족의 세계에 공존하며 결코 하나를 지워낼 수 없다.

첫 번째 입장, 노동량을 줄이고 싶은 육아 부부. 나는 집에서 빨래와 건조, 수납 담당이다. 대학생 무렵부터 자취를 했기 때문에 선뜻 빨래를 맡겠다고 나섰는데 오판이었다. 4인 가구가 생산하는 빨랫감과 정리 노동의 양은 상당하다. 하루도 게으름을 피울 수 없다. 아주 고강도 노동은 아니나 품과 시간이 든다. 데님이나 울처럼 분리 세탁이 요구되는 옷감을 나누고, 땀을 많이 흘리거나 얼룩이 진 의류는 애벌세탁하는 등 세심한 주의를 기울여야 한다.

뭇 임금노동자들이 그렇듯 나도 퇴근 후에는 손 하나 까딱하고 싶지 않다. 매번 시간 맞춰 세탁기를 가동하고, 건조대에 널고, 마른 옷감을 개키는 일은 때때로 버겁다. 더구나 나는 빨래만 하는 것이 아니다.

설거지를 비롯한 식사 뒤처리와 방 닦기, 아이들 돌봄까지 일일이 열거하면 쪼잔해지는 가사 노동이 365일 바짓가랑이를 붙잡고 있다. 아내도 마찬가지다. 우리는 늘 시간에 허덕이고, 커피 없이는 저녁까지 활력을 유지하기 힘들다. 피곤에 절어 휘청일 때면 방문외판원처럼 찾아드는 생각이 있다.

'돈이 행복을 보장해줄 수는 없지만, 시간은 벌어다 줄 수 있다. 시간은 금덩이만큼 소중하다.'

건조기의 유혹이 심한 이유 중 하나는 날씨에 있다. 빨래 건조는 날씨의 영향을 받는다. 2020년처럼 한 달 넘게 장마가 이어지면 뽀송뽀송한 자연 건조를 기대하기 힘들다. 안 그래도 지친 상태로 퇴근하는데 집에서까지 빨래와 씨름해야 하는 것이다. 그것도 날씨 눈치를 보면서 말이다.

우리는 맞벌이 부부다. 경제적으로 걱정 없는 상태를 지향한다. 외벌이보다 돈을 두 배로 벌게 되었으니 그것으로 만족하고 여유를 누리면 좋으련만 현실은 그렇지 않다. 가사 노동은 항시 존재한다. 여기서 역설이 발생한다. 인생을 여유롭게 살기 위해 맞벌이를 하는 중인데, 그 맞벌이가 외려 가사 노동의 고통을 불러오니 우리는 여유롭기가 쉽지 않다. 출장이라도 다녀온 날에는 시간과 에너지가 몸에서 빠져나가는 게 생생히 느껴진다.

간혹 인생을 낭비하는 듯한 생각마저 든다. 이런 감정은 가전을 풀 세트로 갖춘 지인 집을 방문하거나 SNS에 접속할 때 더욱 격해진다. 기분 탓이겠지만, 그들은 한결 여유 있고 편안해 보인다. 한번은 도저히 참을 수 없어 아내에게 건조기를 사자고 말했다. 그러나 아내는 고개를 저었다. 나보다 더했으면 더했지 결코 적지 않은 가사 노동 부담을 지는 아내는 왜 거절했을까? 내친김에 식기세척기까지 들여놓자며 환영할 만한 제안이지 않은가?

아내의 입장은 마치 싯다르타 같다. 아이를 낳고 가정을 꾸려 나가려면 일정량의 육체노동이 필연적으로 수반된다. 필수 가사 노동을 부정하고 거부할수록 우리는 기계나 외부 서비스에 의존할 수밖에 없게 된다. 그 결과 세월이 갈수록 제힘으로 할 수 있는 것들이 줄어들어 위탁 비용이 증가한다. 편한 것을 찾다 보면 점점 더 많은 돈이 필요해지고, 그 돈을 벌기 위해 죽도록 일해야 한다. 편리함은 역설적이며, 악순환의 씨앗을 품고 있다. 아내의 말을 듣다 보면 묘하게 설득된다. 그리고 어느새 방바닥을 닦고 있는 나를 발견하게 된다.

다른 이유도 있다. 아내는 깨끗한 지구를 후대에 물려주고 싶은 산책 마니아다. 우리는 오랫동안 잘 걷는다. 특히 풍경 좋은 곳에서 느긋하게 두 발 옮기는 시간을 사랑한다. 단단한 대지를 박차며 걷는 시간은 우리 가족에게 큰 의미가 있다. 지금, 여기에 살아있다는 감각이 발바닥에서부터 올라온다. 살짝 땀이 나도록 빠른 속도가 좋다.

풍광을 감상하는 즐거움도 있다. 훼손되지 않은 모래사장과 숲, 호숫가는 더없이 아름답다. 이른 새벽, 가랑비가 흩날리는 흐린 날은 혼자만의 고요를 즐기기에 안성맞춤이다. 근처에서 산책하는 분들도 표정이 밝다. 생면부지인 남이지만, 경쾌하게 걷는 모습이 깃털처럼 가벼워서 보는 사람도 행복해진다.

깨끗하고 맑은 공기는 누구에게나 기쁨을 주고 마음을 편하게 만들어준다. 안타깝게도 풍요로운 자연은 소멸 중이다. 청정 지역은 애써 찾아가야 할 정도로 귀하고, 쓰레기는 날이 갈수록 늘어난다. 쓰레기는 어디에나 있다. 페트병, 비닐봉지를 비롯해 녹슨 자전거도 강둑 어귀에 쓰러져있다. 풀숲에 처박힌 구형 모니터처럼 도무지 물건과 장소 사이의 연결고리를 짐작하기 힘든 조합도 등장한다. 나는 산책에서 돌아오는 길에 가끔 쓰레기를 봉지에 담아온다. 눈 앞에 널브러진 작은 재앙을 처치하지 않으면 안 될 것 같은 날들이 그렇다.

나는 빨래 건조기와 식기세척기를 사고 싶을 때마다 산책길에서 주워 온 쓰레기를 떠올린다. 내가 무언가를 사면 언젠가는 쓰레기가 된다. 태어나면 죽는다는 이치처럼 자명하다. 생활필수품이 아니면 사지 않아야 쓰레기 하나가 준다.

건조기와 식기세척기는 생활필수품이 아니다. 지구적 차원으로 시야를 넓히면 인류의 극소수만이 가정용 빨래 건조기를 사용한다. 통계적으로는 사치품으로 분류해도 무방할 것이다. '신혼부부 3대 필수 가전' 같은 광고 멘트에 익숙한 한국 사람으로서는 의아할 수 있다. '건조기 한 대 얼마 한다고……', 그러나 대한민국 중산층의 삶은 지구적 차원에서 결코 보편적일 수 없다.

편리함과 환경 보호는 동시에 추구하기 힘든 가치다. 그러나 어쨌든 우리 가족은 9년 넘게 건조기의 유혹에 넘어가지 않고 있다. 아직은 환경 쪽으로 균형추가 기울어져 있는 것이다. 덕분에 전기 요금과 가전제품 구입비를 상당히 아꼈다.

우리 집에서 새 가전제품을 사려면 두 가지 원칙에 부

합해야 한다. 하나, 삶의 질이 비약적으로 향상되거나 과거에는 불가능한 새로운 기능이 구현되는 물건만 신중히 고른다. 둘, 기존 물건이 망가져야 새 물건으로 대체한다. 그러나 고칠 수 있으면 고친다. 사용 설명서와 보증서를 갈무리해 두는 습관을 들이면 물건을 오래 쓸 수 있다. 전자제품의 경우 잔고장이나 부품 소모와 같은 제조사의 '의도적이고 계획적인 진부화' 현상이 발생할 수 있으므로, 고장 나면 버리지 말고 수리할 수 있는지 확인해보면 좋다.

이번 생에는 햇빛을 기다리겠어요

•

매년 장마철이 돌아올 때마다, 건조기를 사고 싶은 욕구가 스멀스멀 두 눈을 멀게 한다. 하지만 이번에도 잘 버텨낼 것이다. 솔직히 말하면 나는 건조기를 사는 게 두렵다. 미니멀하게 잘 살아왔다는 심리적 장벽이 무너져 버릴까봐 그렇다.

건조기만 언급해서 그렇지, 가전 매장에는 가사 도우미 역할을 대신하는 신통방통한 제품이 소비자를 유혹한다. 스타일러, 로봇 청소기, 식기세척기, 식물 재배기……,

전기 먹는 가사 도우미의 발전은 한계가 없다.

만일 어떤 사정으로 혹은 자포자기하는 심정으로 건조기를 들여놓게 되면 다른 가전제품도 봇물이 터진 것처럼 줄줄이 따라 들어오고 말 것이다. 그럼 지금껏 약간의 자부심을 느끼며 살아온 검약하고 수수한 삶이 무너진다. 건전한 균형 감각을 잃고 지난날 추구해온 환경적 가치를 부정해야 하는, 혹은 변명해야 하는 순간이 올 것이다. 우울한 편리 속에서 살고 싶지는 않다.

누군가에게는 이 모든 고민이 우스워 보일 수 있다. 정당하게 돈 벌어서 가족들을 위해 그리고 나 자신을 위해 기계 몇 대 사는 게 뭐가 그리 심각한가? 아, 쉬고 싶다. 기계가 도와주면 좋겠다. 맞벌이는 힘들다. 지구도 지키고 싶다. 쓰레기에 반대한다. 자연은 소중하다……. 어쩌면 나는 분열증을 앓고 있는지도 모른다.

욕심이 많아서 이것도 잘하고 싶고, 저것도 잘하고 싶다. 이렇게 우물쭈물하는 사이 나이를 먹고 세상을 뜨겠지만 '그래도 쓰레기 하나 덜 만들었다' 하고 자기 위로거리는 하나 건질 수 있을 것 같다.

남편에게 가계부 파업을
선언했다

"나 이제 가계부 안 써. 돈도 막 쓸 거야."

남편에게 가계부 파업을 선언했다. 그날 우리는 식비 예산을 두고 아웅다웅하고 있었다. 2021년 기준 식비 예산은 하루 1만 5,000원이었고, 남편은 예산을 늘리고 싶어 했다. 더도 말고 덜도 말고 딱 2,000원만 더! 하루 식비 1만 7,000원을 요구한 것이다.

나는 반대했다. 식비 예산이 물가 상승률에 비해 조금 팍팍하더라도 씀씀이를 단속하고 싶어 고집 부리던 중이었다. 친환경 소비는 최소한의 소비에서 비롯된다는 소신을 지키고 싶었다. 물론 나는 소신이라 부르고, 남편은 독재라고 부른다.

"3년째 식비 동결이라니……, 유기농 식재료도 사야 하는데 너무하다."

남편 말도 일리가 있다. 사실 우리는 어느 순간부터 식비 예산을 한 달에 5만 원 정도 초과하기 일쑤였다. 그 원인은 '유기농 식재료'와 '동물복지계란'이다. 월급이 오른 것도 아니면서 유기농 식재료와 동물복지계란을 산다. 매달 식비 예산을 초과해가면서까지 말이다.

'소비의 하방 경직성'이라는 용어가 있다. 소비를 계속 늘리다 보면 쾌감과 편리함으로 인해 다시 줄이기 힘들어지는 경향을 일컫는 말이다. 나는 하루 식비 1만 5,000원으로 식탁을 꾸려왔다. 못할 일은 아니었다. 외식을 거의 안 하면 가능했다. 그러나 유기농 식재료에 맛을 들이면서 가계부에 조금씩 금이 가기 시작했다. 어쩌다 한두 번 '버터헤드 상추'를 먹는 것은 예산에 타격을 주지 않는다. 하지만 인간의 혀는 맛에 예민하고 쉽게 적응한다. 건강하고 부드러운 버터헤드 상추에 길들여지고 나면 지금껏 즐겨왔던 양상추에 젓가락이 잘 가지 않는다. 예산에 여기저기 균열이 발생하고 있는 것이다.

남편과 한 신문사에 〈지구를 구하는 가계부〉라는 칼럼을 연재했다. 2주에 한 번씩 번갈아 가며, 아내와 남편의 입장으로 4인 가족의 지구 지키기 경험담을 다룬 내용이었다. 우리 글을 읽고서는 많이들 '남편이랑 마음이 맞으니 얼마나 좋냐고!' 말씀하신다. 정말 오해하시는 거다. 일단 우리는 '지구가 망하지 않으려면, 지금까지와는 다르게 살아야 해!' 라는 점에서는 같은 별을 바라보는 게 맞다. 하지만 실천 방법에서는 하나부터 열까지 조금씩 달라 아옹다옹하기 일쑤였다.

주택에서 텃밭 농사로 적당히 자급하며 살자는 나, 반대하는 남편. 필요한 가구는 중고로 사자는 나, 새것을 오래 쓰자는 남편. 딱 일주일만 완전 채식을 해보자는 나와 고기양을 줄이면 머리카락이 빠진다며 결사 항전을 하는 남편(그는 완전 채식을 두고 무모無毛한 도전이라 부른다). 그리고 친환경 식재료 가격에 맞게 식비 예산을 올리자고 하는 남편과 반대하는 나.

선진국에서 살아온 나의 생활 양식 자체가 기후 악당이었음을 알게 된 이후, 자발적으로 불편하게 산다. '지

금보다 더 불편하게 살자'는 내 태도는 소신일까, 광신일까? 나의 소신이, 누군가에게 강요를 넘어 심지어 몸과 마음을 불편하게 만드는 광신적 태도가 될 수 있음을 알고 있다. 하지만 편리한 삶 너머에, 기후위기로 지속 불가능한 지구에서 힘겹게 살아갈 2050년의 우리가 느낄 고통과 슬픔이 생생하게 그려진다. 과연 남편의 마음을 헤아려 얻을 수 있는 그의 행복과, 거주불능 지구로 치달아가는 데 기어이 한몫함으로써 얻게 될 나의 죄책감 중 어디에서 균형점을 찾아야 하는 걸까?

남편에게 미안하거나, 인류에게 미안하거나, 여러모로 고개를 숙일 수밖에 없는 나날이 이어졌다. 가족의 마음을 얻는 일은 너무 어렵다. 너무 어렵기 때문에 때로는 초강수를 두기도 하는데, 그게 나에게는 가계부 파업이었다. 남편도 안다. 가계부 없이, 그러니까 적절한 절제 없이는 계좌에 구멍이 숭숭 뚫릴 것임을. 다행히 남편은 가계부 파업을 싫어한다.

"아, 가계부 써야 돈이 모이는데. 하루 식비
1만 5,000원으로 하자. 가계부 써줄 거지?"
"응. 한 달만 더 1만 5,000원으로 살아보자. 자기가 너무
힘들면 다음 달에 올리자."

가계부 파업은 항상 성공했다. 남편도 나도 윈윈이다. 남편 입장에서는 내가 꾸준히 가계부도 써주고(?), 어쨌거나 돈도 절약하고, 친환경 식재료도 사니 손해볼 게 없었다. 나는 나대로 '친환경 소비는 최소한의 소비부터'라는 소신을 지킬 수 있었다. 그렇게 남편은 반년 더 내 뜻을 따라주었다.

그리고 이듬해, 우리는 하루 식비를 2만 원으로 올렸

다. 처음 하루 식비를 1만 5,000원으로 잡았던 2018년의 물가와 2022년의 물가는 달랐다. 2018년의 1만 5,000원은 낭비하지 않기 위해 그어둔 마지노선이었다. 하지만 2022년의 1만 5,000원은 고행이었다. 지구를 구하는 가계부가 가족을 구하지 못하면, 자원을 덜 낭비하기 위해 삶을 낭비한 셈이 된다.

만약 내가 내일 죽는다면 남편이 좀 더 소비를 철저하게 자제하지 못한 것을 속상해할까? 반대일 것이다. 낭비와 고행 사이에서 중용을 찾지 못해 후회할 것 같다.

불편하게 살아야 한다며 희생양을 자처하는 태도 말고, 즐겁지도 않으면서 온갖 물건을 사고 구멍 난 계좌를 메우기 위해 더 많이 일하고, 또 물건을 사다가 지구를 망치는 일상도 아닌, 내가 소중하게 여기는 것들에 집중하며 후회 없이 행복하게 살아가고 싶다. 기후위기에 대응하려면 죄책감으로 범벅이 된 일상에 채찍질하는 것이 아니라, 무분별한 낭비에서 적절한 소비로 균형을 찾는 일이어야 한다. 지구를 지키는 가계부는 언제나 더 행복하게 살아가기 위한 방편으로서 기능하기를, 그 중심에는 언제나 삶에 대한 사랑이 자리 잡고 있기를 잊지 않으려 애써본다.

1년 치 꾸밈비,
10만 원이면 충분해

"아, 유치원 안 가고 싶다."

금요일 아침. 눈을 뜬 둘째가 이불을 바스락거리며 결석을 노래한다. 나도 같은 처지. 철없이 따라 말한다.

"아, 연가 쓰고 싶다."

월·화·수·목요일을 거쳐, 금요일에 이르자 아이와 엄마는 나란히 누워 결석과 연가를 꿈꾼다. 마치 퍽퍽한 건빵 몇 개를 연달아 넘겨 목이 멘 사람들처럼 굴어버린다.

주말이 필요해!

결석도, 연가도 없이 착실하게 주말을 맞이하면 내가 좋아하는 작고 사소한 것들로 나를 부지런히 데려다주는 연습을 한다. 좋았던 순간은 사진으로 찍고, 글로 남기며, 동네 산책을 좋아하는 나를 위해 자주 운동화 끈을 묶는다. 서두를 일 없이 하고 싶은 일을 하고 싶을 때 한다.

나의 삶이 내가 좋아하는 것들로 차곡차곡 쌓일 수 있도록, 내 기분을 자세히 살피고 싶다. 나에게 예의 바른 삶을 살기 위해. 그러면 좋아하고, 좋아하고, 좋아하고……, 소소하지만 좋아하는 게 자꾸 늘어난다. 비록 휴일에만 누릴 수 있는 호사일지는 몰라도, 호사의 맛을 보고 나면 매일 호사를 탐내게 된다. 텅 빈 시간을 내 마음대로 꾸리는 휴일도 꿀맛이지만, 호시탐탐 일상을 내가 좋아하는 것들로 채워본다.

나는 얇고 가벼운 화장을 좋아하고, 아이보리색 셔츠와 유행을 타지 않는 짙은 청바지를 즐겨 입는다. 무릎 아래로 내려오는 긴 원피스도 좋아하는데, 정장 같은 느낌보다는 운동화를 신어도 어울리는 일상복에 가까운 스타일을 선호한다. 파마하지 않은 자연스러운 생머리도 빼놓을 수 없다. 단순하고 단정하게 느껴져서 좋다.

내가 좋아하는 것들로 채워진 삶은 신기하게도 비용이 많이 들지 않았다. 원하는 것을 위해 비용을 치르며 살아왔던 나로서는 좋아하는 것을 실현할수록 절약이 되는 경험은 그야말로 신세계였다. 나 좋을 대로 멋을 내도 1년에 10만 원 남짓이면 충분했다. 돈을 아끼려고 옷과 화장품을 안 산 것은 아니었다. 어떻게 가능했을까? 돌이켜보니 굉장히 간단한 원리였다. 좋아하지 않는 것들이 무엇인지 살피고, 원하지도 않는 것들에 마음과 시간, 돈을 낭비하지 않았을 뿐이었다. 그걸 알려준 사람이 아이들이었다.

결혼한 지 6년째가 되던 해 나는 화장대를 팔았다. 아이들 안전 때문에 어쩔 수 없었다. 당시 두 딸은 3살, 5살이었는데, 이맘때 아이들이 그렇듯 호기심과 에너지가 왕성했다. 아이들은 화장대 서랍을 수시로 열었다가 쾅 닫으며 장난쳤다. 아주 완연한 천둥벌거숭이들.

정작 나는 육아에 치여 하루 5분도 화장대 앞에 앉지 못하는데, 괜히 아이들 손만 다칠 것 같았다. 단돈 만 원에 미련 없이 팔았다. 대신 파우치에 화장품 몇 개만 챙겨 화장실에서 화장했다. 화장대를 치우자 안방은 안전하고 넓어졌으며, 나는 씻자마자 그 자리에서 화장하는 편리함에 눈떴다. 꾸밈보다 더 마음에 드는 일들이 생겨난 것이다. 나는 차츰 꾸밈에 태연해지기 시작했다.

화장대를 팔고 난 1년 뒤, 나는 화장을 하지 않기로 했다. 더 정확히는 화장을 하고 싶을 때만 하기로 했다. 이번에는 아이들 안전과 상관없이 온전히 나만을 위한 일이었다. 당시는 육아휴직을 마치고 복직하던 참이었는데, 남자 직원들이 눈에 띄었다. 그들은 화장을 하지 않았고 복장도 편해 보였다. 편안한 상태로 일하는 모습이 자연스럽고 보기 좋았다.

선택적 꾸밈. 그들의 좋은 문화에 동참하고자 스킨, 로션에 선크림만 바르며 다닌다. 화장하면 더 예쁘겠지만, 매일 더 아름다울 필요는 없다. 덕분에 화장 대신 밥 한 숟가락 더 먹고 든든한 속으로 출근했다. 화장을 포기하니 배가 불렀다. 화장대를 버리고, 화장품을 덜어냈다. 이제는 단발머리가 될 시간이었다. 샴푸가 바닥나기를 기다렸다가 미용실로 갔다. 의자에 앉아 미용사분께 비장하게 부탁드렸다.

"짧게 잘라주세요."

오래전부터 비누로 머리를 감아보고 싶어서 단발이 되었다. 비누로 머리를 감고, 식초로 헹구어 머릿결을 보드랍게 하기란 꽤 고전적이지만 물을 사랑하는 방법이었다. 그러나 선뜻 비누에 손이 가지 않았다. 왜일까? 내가 뭘 좋아하는지 몰랐기 때문이다.

물을 좋아하는 내 마음을 외면하고, 남들이 내 머릿결을 좋아해주길 바랐다. 더 정확히는 거리의 모르는 남들에게 잘 보이고 싶었던 거다. 즉, 화장하는 것처럼 체면 차림이었다.

2018년 쓰레기 대란을 겪으며 분리수거만 하면 재활용이 된다는 믿음이 산산조각난 이후, 샴푸의 플라스틱 통이 거슬렸다. 플라스틱을 집에서 차츰 줄여나가는 중이다. 플라스틱 통을 덜 쓰기 위해, 생각하는 대로 살고 싶어 자발적 몽실이가 된 나는 비누로 머리를 감는다. 나중에는 린스바(비누형 린스)를 알게 되어서, 내가 좋아하는 긴 생머리를 하고도 비누로 머리를 감았다.

린스바를 먼저 알았다면 몽실이가 될 일은 없었지만, 좋아하던 긴 머리를 포기하고 머리 스타일을 비누에 맞췄던 그쯤, 나는 생각하는 대로 산다는 즐거움 또한 꾸밈의 즐거움을 가뿐히 능가함을 경험했다.

읽는 책과 기사마다 플라스틱 사용을 경고했다. 플라스틱은 세상에서 가장 재활용하기 힘든 물질이며, 우리나라 플라스틱 재활용률은 약 22.7%에 불과하다. 또한 인천과 낙동강 하구의 미세 플라스틱 오염도는 세계 2위, 3위를 나란히 달리고 있다.

지금 당장의 수질오염 상황도 좋지 않지만, 그 너머의 시간을 상상한다. 2030년에 우리가 마실 물, 2050년 바다에 물고기보다 많아질 플라스틱이 걱정된다.

식탁도 위험하다. 미세 플라스틱은 우리가 직접 마시는 수돗물뿐만 아니라 종을 넘나든다. 미세 플라스틱은 동식물의 혈관과 물관 속으로 흘러, 생태계 먹이사슬을 순환한다. 그리고 먹이사슬의 꼭대기에는 우리 인류가 있다. 한 영국 슈퍼마켓을 조사하자 홍합 100g당 평균 70조각의 플라스틱이 검출되었다는 것도 《2050 거주불능 지구》를 보고 알았다.

플라스틱은 기후위기의 주범이다. 플라스틱이 자외선에 반응하면 이산화탄소보다 더 강력한 온실가스인 메탄을 뿜어낸다. 조너선 사프란 포어의 표현에 따르면 '이산화탄소가 보통 두께의 담요라면 메탄은 206cm 두께의 담요'인 정도다.

재활용도 안 되고, 씻고 마시는 물과 식재료, 더 나아가 기후위기까지 촉진하는 플라스틱. 이 요망한 물질을 하나도 안 쓰며 살 수는 없다. 그렇지만 줄일 수 있는 만큼은 줄이며 살고 싶다. 사는 대로 생각하지 말고, 생각하는 대로 살기 위해 화장대와 화장품, 샴푸를 차츰 떠나보냈다.

바쁜 아침, 밥은 안 먹어도 마스카라만큼은 정성껏 발랐던 지난 시절. 뒤꿈치에 피가 나도 구두를 신던 시절. 뾰족한 침으로 귓불을 뚫어 염증과 전쟁을 치르던 귀걸이 생활. 미용실 의자에 몇 시간 동안 앉아 파마하던 생활. 나는 무엇을 선망했던 걸까? 교수님 말씀에 귀 기울여 공부하기 적합한 '기능하는 몸'보다 겉보기에 곱게 분칠한 '보여지는 몸'을 중요하게 여겼다.

화장대와 샴푸, 보디워시, 긴 머리, 화장 등 기능보다 미관이라니, 뭔가 이상했지만 으레 그래야 하는 줄 알았다. 그런데 아니었다. 화장대나 샴푸, 보디워시처럼 있어야 하는 줄 알았던 것들은 없어도 괜찮았고, 긴 머리와 화장처럼 해야만 하는 줄 알았던 일들을 안 해도 별 탈 없었다.

덕분에 내 꾸밈비는 1년에 10만 원이면 충분하다. 나의 돈과 시간, 기능을 회복했을 뿐만 아니라 인류의 돈과 시간, 그리고 생태계의 기능을 회복하는 데 작은 보탬도 되었다. 합성 계면활성제와 미세 플라스틱 사용을 조금이라도 안 썼으니까.

노동으로부터 자유로워질 수 있다. 덜 소비하면 천연 자원은 덜 채굴된다. 화석연료로 만들 전기와 물건이 줄어들면, 하늘을 덮을 탄소 배출물들, 땅과 바다 그리고 생태계에 쌓일 미세 플라스틱들도 줄어들 것이다.

내가 좋아하는 것들을 충분히 좋아할 수 있도록 내 마음을 돌보되, 내가 좋아하지 않는 것들은 좋아하지 않아도 된다고 용기를 북돋아준다. 나의 삶과 우리의 서식지인 지구를 기분 좋게 떠올리며, 좋아하는 것들을 좋아하는 날들을 쌓아간다.

맞벌이가 되면 의자부터 바꿀 줄 알았다. 계속 쓰기에는 너무 오래된 의자였다. 무려 남편이 7살 때부터 썼는데, 그는 어릴 때부터 기골이 장대했던 덕분에 초등학교 입학 선물로 큰 의자를 받은 것이다. 어린이 의자는 대학생이 된 그의 자취방까지 언제나 함께였고, 질긴 생명력으로 기어이 신혼집까지 들어왔다. 남편은 어느새 35살이 되었으며, 의자는 올해로 28살이 되었다.

우리는 왜 새 의자를 들이지 못했을까? 이유는 하나다. 뻔하다. 돈, 결국 돈 문제였다. 과거의 총각 남편에게도, 막 살림을 시작해서 어린 두 아이를 키우는 젊은 부부에게도, 10만 원이 넘는 의자를 쉽게 바꿀 만한 돈이 없었다. 정확하게는 돈을 써야 할 데는 많았고 의자에 쓸 돈은 없었다. 의자는 오래되긴 했지만 너절하지는 않아서 늘 교체 뒷순위로 밀려났다.

육아휴직으로 내 수입이 뚝 끊겼으니 쓰는 돈을 줄여야 했다. 오래되었지만 건재한 의자를 바꾸지 않아야, 가정 경제가 건전해졌다. 의자뿐이랴. 샤워 퍼프도 일광소독 시켜가며 7년 동안 써보았다. 10년 된 낡은 재킷, 9년 된 유선 청소기는 물론 빨래 건조대 발목이 부러져도 테이프를 감아 썼다. 왜 이렇게 궁상맞게 사냐고 물으면, 돈을 덜 써야 고상하게 산다고 답했다. 절약해야 미래를 위해 저축도 하고 외벌이로도 육아를 할 수 있다고. 최소한의 소비로 삶을 안정감 있게 지켜내고 있다고. 적어도 내게는 절약이 옳은 길이었다.

문제는 복직 이후 발생했다. 절약이 무조건 옳은 것이 아닐 수도 있었다. 맞벌이가 되었으니 수입이 두 배다. 아주 신나는 일! 그런데 조금 당황스러웠다. 어느 순간 철벽녀가 되어버려 돈을 쓸 수가 없었기 때문이다. 사람 사이의 철벽 말고, 쇼핑센터와 지갑 사이의 철벽이다.

아무리 호감 가는 물건이 눈을 스쳐도 웬만해서는 반

응하지 않고 철벽을 친 듯 선을 긋는다. 퇴근 후에 배달 음식을 시켜 먹기도 꺼려지고, 빨래 너는 시간이 아깝지만 건조기를 살 수도 없었다. 사고 싶지만 꾹 참는 게 아니라, 마음이 동하지 않는다. 물론 의자도 바꾸지 않았다. 요즘은 지갑 여는 게 영 어렵다. 왜 이러지?

범인은 가까이에 있었다. 코로나. 나는 초등학교 선생님이다. 2020년 3월에 복직했으나 학교에 아이들이 없었다. 두 아이를 돌보느라 4년이나 일을 못 했기에, 설렘을 잔뜩 안고 출근했다. 그러나 학교는 적막하기만 했다. 복도는 쥐 죽은 듯 조용했고, 모두가 충격에 빠져 혼란스러웠다. 마라톤 회의만 거듭되었다. 아이들은 학교에 가끔만 올 수 있었다. 오더라도 마스크를 써야만 하고, 리코더를 불지 못하며, 친구와 손잡고 등교할 수 없다.

"원격 수업이 좋아, 대면 수업이 좋아?"

대면 수업의 압도적 승리. 원격 수업이 좋다는 아이는 셋, 대면 수업이 좋다는 아이는 20명이었다. '원격 수업 때 학교도 안 가고 놀아서 좋겠다'는 편견이 깨져버렸다. 코로나 시대에는 아이들이 학교를 싫어한다는 것도 해묵은 오해다. 아이들은 학교에 오고 싶어 한다.

원격 수업일 때 하필 급식 메뉴가 진수성찬이라는 소박한 이유에서부터, 선생님과 친구들이랑 공부하는 게 집중도 잘 되고 40분 수업도 술술 흐른다는 학구적인 이유까지 다양했다. 11살의 어린아이들은 비대면 수업 중 사소한 렉 하나에도 가슴이 쿵 내려앉는다.

다시는 코로나 같은 대규모 감염병을 겪고 싶지 않다. 하지만 그저 소망만 하기에는 지표가 좋지 않다. 지구는 급속도로 망가지고 있다. 야생 서식지는 빠르게 파괴되고 있으며, 미세 먼지는 다시 찾아왔고, 지구의 기온은 멈추지 않고 계속 오르는 중이다. 걱정만 하고 있기에는 시간이 부족하다. 뭐라도 해야 한다. 그렇다면 무엇을?

답은 책에 있었다. 기후위기를 경고하는 대부분의 책들이 한목소리로 외치고 있었다. 소비를 줄이라고.

우리 각자는 언제 어디서 더 많이 소비할까 대신 어떻게 덜 소비할 수 있을지 스스로 질문해야 한다. 세상의 모든 비즈니스와 산업계가 우리를 대신해 이런 질문을 던질 일은 없을 것이기 때문이다.

-《나는 풍요로웠고, 지구는 달라졌다》,
호프 자런 지음, 김은령 옮김, 김영사, 2020년

정말 광신적인 태도는 우리를 포함한 소수 엘리트 계층이 누려 온 행동양식을 앞으로도 계속해서 유지할 수 있다고 믿는 겁니다. 비행기 여행을 중단해야 한다는 의견은 전혀 광신적이지 않습니다. 오히려 정반대지요.

　－《그레타 툰베리의 금요일》, 툰베리 가족 지음, 고영아 옮김, 책담, 2019년

작은 자원, 동일한 자원을 가지고도 만족감과 행복감을 극대화할 수 있다는 점에 주목해야 합니다. 최대로 부유한 삶이 아니라 '적정한' 삶을 살 수 있도록 하는 게 가장 중요합니다. (김경일 교수)

　－《코로나 사피엔스》, 최재천 외 6인 지음, 인플루엔셜, 2020년

나열하자면 끝도 없는 저자들이 간곡하게 호소한다. 더도 말고 덜도 말고 딱 지금처럼 살고 싶다면, 더 많이 가지려 하지 말라고. 내가 얼마만큼 돈을 벌고 쓰는지와 상관없다. 가진 돈과 상관없이 '적은 양의 물건'을 사는 게 윤리적인 시대다. 레스 이즈 모어 less is more (적은 것이 풍요로운 것이다).

소비가 미덕인 사회는 더 이상 우리의 생존을 보장해 주지 못한다. 가진 돈이 바닥날 때까지 쇼핑을 실컷 해도 지구에 무해한 환경이 갖춰지지 않는 한, 절약은 윤리일

수밖에 없다. 코로나 완화 국면에서 사람들은 전염병 이전보다 더 많은 돈을 썼다. 이른바 '보복 소비'인 셈인데, 나는 소비가 보복의 영역에 포함되는 것이 두렵다.

낡은 의자는 30년째가 되던 해 생을 마감했다. 의자 다리에 슬었던 녹이 점점 짙어졌기 때문이다. 한 의자에 30년 동안 앉아 책을 읽고 글을 썼다면 충분히 잘 쓰고 놓아준 것일까? 인간의 시점에서 30년은 긴 시간일지 모르겠다. 하지만 지구의 시간에서 썩지 않는 물건의 생애 주기가 30년이라면 짧은 것만 같다. 버려진 의자가 어디로 흘러갈지 상상이 되지 않는다. 이제 버리는 일은 너무나 두려운 일이 되어버렸다.

새 의자를 들였다. 반갑게 맞이하면서도 마음 한켠이 쓰리다. 나는 언제쯤 마음 편히 새 의자를 살 수 있을까? 모른다. 소비자로서 나는 새로 들인 의자를 닳도록 써야겠다고 다짐할 뿐이다. 의자 만드는 가구 기업 사장님이 지구에 무해한 물건을 생산하고, 정치인들이 기후위기에 대응하는 법을 만들고 집행하기 전까지 나의 대응 전략은 하나다. 그저 소비 철벽을 치는 수밖에.

지방에 살면 진짜 차 두 대는
기본인가요?

나는 지하철이 촘촘하게 깔린 도시에서 살았던 적이 없다. 울산에서 나고 자라 춘천을 거쳐 강릉, 동해에 이르기까지 차가 기본 이동 수단이었고, 대중교통은 버스였다. 버스는 저렴하나 배차 간격이 길고 노선이 내 행선지와 일치한 적이 흔치 않았다.

서울에 거주하는 친구들처럼 지하철역이 그리 가까이 있지 않았다. 지방에 거주한다는 것은 빈약한 대중교통에 익숙해져야 한다는 사실을 의미했다. 나는 대중교통이 잘 구축된 지역을 방문할 때마다 그 촘촘함과 편리함에 놀라곤 했다. 도심 공원과 같은 도보 환경도 괜찮아서 부러운 마음이 들었다.

　나는 차보다는 자전거를 타는 것이, 자전거보다는 걷는 편이 좋다. 심플하고 자연스러운 것이 최고다. 폭발적으로 자원을 소모하는 차와 달리, 걷기는 환경에 어떠한 해도 끼치지 않아서 소박한 기분이 든다. 나는 27살까지 부지런히 뚜벅이 생활을 했다. 여자친구였던 아내와 7년 넘게 사귀면서도 열심히 걸었다. 버스를 놓치면 택시를 타도 되었지만 주머니 형편상 매번 그럴 수는 없었기에 웬만한 거리는 발로 해결했다.

　젊어서 그랬는지 걷는 것이 꽤 재미있었다. 지금이야 어린 두 자녀가 있으니 100m 가는 데 15분씩 걸리지만 (유치원생은 세상의 온갖 꽃, 신기한 것들과 인사해야 한다), 연애하던 무렵에는 걷는 속도가 균일해서 도착 예상 시각을 계산할 수 있었다.

　결혼하면서 걸어 다니는 삶에 변수가 생겼다. 연애 시절에는 각자 집에서 따로(나는 직장 주변의 작고 오래된 아파트에 살았고, 아내는 부모님과 거주했다) 출근하면 되었다. 그러나 살림을 합치게 되면서 새로운 보금자리를 구해야 했다. 거주지가 두 사람의 직장과 모두 가까울 수는 없었기에 더 이상 차량 구매를 미루기 힘들었다. 20대 중반이었던 우리에게 차 두 대는 부담이어서 우선 한 대만 구입했다. 내가 여기서 우선이라는 말을 덧붙이는 이유는 "차를 더 사라"는 오지랖을 숱하게 들었기 때문이다.

> "아이 태어나면 차 한 대로 살기 힘들어. 경차라도 한 대 더 마련해야 할 거야."

결혼한다는 건 미래의 아이까지 고려해야 한다는 사실을 내포하고 있었다. 1인 가구 비중이 30%가 넘어서고, 30대 남성의 절반 정도가 미혼인 지금에 와서 생각하면 참으로 어처구니없다. 2014년만 해도 집값이 저렴한 강원도 소도시에서 넉넉하지는 않지만, 수입이 안정적인 부부 교사에게 '자녀 둘'은 당연한 것처럼 여겨지는 분위기였다. 우리는 아이를 원했기에 훗날 실제로 두 명의 자녀를 가지게 되었지만, 그것은 부부가 판단할 일이지 타인이 나서서 차를 사라 마라 할 영역은 아니었다. 차 있어봐야 공기만 더 오염시키지 하고 콧방귀를 뀌었다.

그렇다고 불안감이 확실히 가신 것은 아니었다. 주변의 맞벌이 가정은 아이가 있든 없든 대부분 차 두 대를 굴렸다. 출퇴근 문제도 있고, 부부끼리 항상 같이 다닐 수는 없으니까 차 두 대가 편해 보이기는 했다. 차 한 대로 살기로 마음먹은 우리는 현실적인 대안을 궁리해보았다. 먼저 아내 일터에서 가까운 곳에 첫 신혼집을 구했다. 도어 투 도어door to door로 집에서 아내가 일하는 초등학교 교실까지는 걸어서 10분밖에 걸리지 않았다.

아내가 한 학교에서 근무할 수 있는 최대 연한이 4년이므로 신혼집에서 최소 4년은 버틸 수 있을 거라는 판단이 섰다. 나중에 학교를 옮겨야 하는 상황이 와도 보증금을 빼서 새로운 직장 근처로 이사 가면 된다. 지방 소도시의 장점인 저렴한 부동산을 십분 이용한 방식이었다. 이 방식은 효과적이어서 차 한 대의 삶이 충분히 가능했다. 아이가 태어나기 전까지는 말이다.

육아와 자동차의 상관관계

•

아이들이 2년 터울로 태어났다. 아내는 육아휴직을 했고, 나는 차를 타고 출근했다. 부부 두 사람만 챙기면 되던 시절과는 상황이 180° 달라졌다. 콧물이 흐르는 아이를 소아과에 데려가야 했고, 마트에서 이유식 장도 봐야 했다. 멀티태스킹을 담당하는 뇌의 부위가 강제로 가동되는 것이 느껴졌다.

아이들은 부모의 손길을 필요로 했다. 외출 전 준비해야 할 것도 많고, 어떤 행동을 할 때 소요되는 정확한 시간 예측도 힘들었다. 직장에서 2박 3일 수영부 인솔 출장이라도 잡히면 식은땀이 줄줄 흘렀다. 아내는 내가 없는 동안 중이염에 걸린 아이들을 홀로 돌보았다. 병원이라도 가려면, 아내는 짐을 바리바리 싸 둘째를 안고, 첫째 손목을 붙잡은 채 택시를 기다렸다. 이럴 때면 차 두 대가 간절했다. 하지만 우리는 2023년 현재까지 차량 한 대를 유지하고 있다.

아이들 유치원 등하원은 어떻게 하냐고? 여기는 지방 소도시다. 천만다행으로 내가 원하는 위치의 교육기관에 아이를 입학시키기가 어렵지 않았다. 어린이집과 유치원 모두 집에서 도보 15분 내외에 위치한 곳을 골랐다. 정말 '골랐다'. 위치만 보고 선택한 것이 아니라 교육 과정과 시설 등을 세심하게 살펴보고 결정했다.

유치원 입학 경쟁이 극심한 대도시와 달리 지방에서는 그런 고민을 할 필요가 없었다. 인구 밀도가 낮으면 여러 방면에서 틈이 발생했다. 지방 도시의 신이 대중교통이 불편하다고 우리에게 주는 은총 같았다. 어린이집과 유치원에서 등하원 차량을 집까지 운행해주었다. 돌발상황이 발생하더라도 당장 뛰어갈 수 있는 거리에 교육기관이 있었으므로 마음도 한결 편안했다.

이렇게 세팅을 마치고 나자, 차가 두 대 필요한 이유가 생각나지 않았다. 피치 못할 사정으로 차가 한 대 더 필요한 상황이 발생하면 택시를 탔다. 빈도는 한 달에 두세 번이었다. 게다가 요즘은 택시 호출 서비스가 매우 편리해서, 시간을 못 지키는 일이 거의 없었다.

"이참에 차 팔고 택시로만 다닐까? 대중교통으로 환경도
지키고 좋잖아!"

아내는 이처럼 무서운 말로 나를 기겁하게 만들기도 했다. 아내는 농담이 아니었다. 차량 구매비, 관리비, 연료비, 보험비를 고려하면 택시로 생활이 가능하다는 가계부 기반의 주장을 했다. 차는 멈춰 서있는 시간이 훨씬 길기 때문에 소유하기 아깝다는 참신한 의견이었다. 앞모습이 마치 개처럼 생긴 우리 차를 사랑하는 나는 아내를 만류했다. 하지만 내가 만일 서울에 살고, 서울에 직장이 있었다면 진지하게 고민했을 것이다.

지방에서 아이 둘을 키우려면 승용차 없이는 힘들다. 그렇지만 차를 유지하기 위해서는 많이 비용을 치러야 한다. 해마다 보험료와 자동차세를 내야하고 유류비, 소모품비, 수리비가 줄줄이 따라붙는다. 에어필터, 배터리는 귀여운 수준이고 엔진 타이밍 벨트 교체와 같이 굵직한 하자가 발생하면 100만 원 단위가 깨지는 건 우습다.

2013년에 출고한 LPG 모델의 내 첫 차는 이제 단종되었다. 더 이상 감가상각이 체감되지 않을 만큼 중고차 시세도 귀엽다. 누적 운행 거리는 17만km를 넘어섰다. 나의 오래된 애마는 곧 이런저런 사유로 비명을 지르며, 내게 돈을 요구할 것이다. 차는 결국 돈과 연료를 먹으며 천천히 닳는 소비재다. 한번 사면 끝인 고무지우개와는 다른 성질의 물건인 것이다. 차 한 대도 신경이 쓰이는데 두 대는 생각만으로도 머리가 지끈지끈 아파온다.

맞벌이로 지방에 살면서 아이 둘을 키우려면 차 두 대가 필수일까? 언젠가는 정말 피치 못할 사정으로 그렇게 될 수도 있겠지만, 나는 필사적으로 저항할 것이다. 저항으로 잃을 것은 군살이요, 얻을 것은 튼튼한 두 다리다. 쓰던 차나 꼼꼼히 잘 정비해서 오래 타는 것이 우선이다.

내돈내산, 거기에서
붉은 고기는 뺄 것!

"생일 반찬은 뭐 먹고 싶어?"

"돼지고기 김치볶음!"

남편의 생일 덕분에 우리는 돼지고기를 돈 주고 샀다.
4개월 만이었다. 김치에 삼겹살만 넣고 달달 볶기만 했을
뿐인데 김치 향을 입힌 고기와 쌀밥의 조화가 어찌나 맛
있던지. 돼지기름으로 윤기가 더해진 묵은 김치의 향도
밥도둑이었다.

그래서 좌절했다. 고기는 하필 왜 이렇게 맛있어
서……, 고기가 조금만 덜 맛있어도 지구가 이 지경이 되

지는 않았을 텐데. 지구의 기온이 꾸준히 높아지고 있어서 하는 말이다. 우리가 탄소 배출을 줄이기 위해 노력한다면, 최상의 경우 2050년에 지구 평균 기온은 2℃만 상승할 것이다. 그러나 지금의 추세대로라면 지구 평균 기온은 4.5℃ 상승할 것이다. 《뉴욕매거진》의 부편집장인 데이비드 월러스 웰즈의 《2050 거주불능 지구》에는 지구 기온 상승의 시나리오가 생생하게 묘사 되어있다.

최상의 시나리오대로 지구 평균 기온이 2℃ 상승하면? 일단 빙산이 붕괴된다. 4억 명 이상의 사람들은 물이 부족한 채 살아야 한다. 적도 지방 주요 도시에서는 더 이상 사람이 살 수 없고, 북위도 지역의 여름철엔 폭염으로 수천 명이 목숨을 잃는다.

지금처럼 살면 지구 평균 기온이 4.5℃ 상승한다는데, 그 모습은 어떨까? 거의 매년 식량 위기다. 폭염으로 인한 사망자 수는 9% 증가하고, 특정 지역에서는 6종류의 자연 재해가 동시에 벌어질 수 있다. 이러한 피해 규모를 돈으로 따지자면 600조 달러이며, 분쟁과 전쟁 역시 2배 이상 늘어날 수 있다.

축산업은 기후위기에 얼마만큼 책임이 있을까? 2013년 유엔식량농업기구는 축산업이 연간 온실가스 배출량의 14.5%를 차지한다고 발표했다. 가축이 트림, 분변, 방귀로 뿜는 메탄가스와 이산화질소뿐만 아니라, 가축 산업의 삼림 파괴로 인하여 삼림이 포집할 수 있는 탄소의 양까지 손해를 보았다. 아마존은 이제 지구의 허파 기능을 상실했다. 탄소 배출량이 탄소 흡수량을 능가해 버렸기 때문이다.

지구를 구하는 가장 효과적인 일에 대한 답은 나왔다. 바로 육식 줄이기다. 우리 부부는 지구에서 오래도록 살고자 '고기 소비'에 제동을 걸었다. 고기의 맛을 좋아하지만, 고기의 맛 때문에 지구가 이 지경이 되었다는 것을 알자 동시에 원망하게 되었다. 왜 이렇게 맛있어 가지고.

몰랐을 때는 고기를 맛있게 먹었지만, 알고 나면 참을 수 있다. 그래서 우리 부부는 2020년 9월부터 2021년 8월까지 '채식 지향 육식 지양' 도전을 시작했다. 나름의 규칙도 세웠다.

1. 내 돈 주고 붉은 고기(돼지고기, 소고기)를 사지 않기.

2. 기념일에는 붉은 고기를 먹기.

3. 만두, 라면의 건더기 스프처럼 고기가 포함된 음식은 먹을 수 있음.

어려워 보이지만 사실 쉬운 규칙이었다. 왜냐하면 첫째, '붉은 고기'만 제한했기 때문이다. 우리는 일주일에 한 번 정도 가금류(닭, 오리와 같은 새 종류)를 먹었다. 이유는 단순했다. 가금류 사육의 탄소 배출량이 가장 적기 때문이다. 영국 옥스퍼드 대학의 연구에 따르면 소고기 단백질 100g을 얻으려면 평균 49.89kg의 탄소가 배출된다. 돼지는 7.61kg, 가금류는 5.7kg다.

먼 미래에 지구에서 가장 많이 발견될 화석이 '닭 뼈'라고 할 만큼 대량 밀집 사육되는 양계장의 사정도 심각하다. 그로 인한 동물복지 문제와 조류 인플루엔자 같은 전염병 문제도 모르는 바 아니다. 하지만 나는 아직 고기 없이 살 자신이 없다. 기후위기에 대응하고자 전기 없이 살거나, 자동차 없이 걷기만 할 수 있는 사람이 소수이듯, 완전 채식도 그만큼 어려운 길이다.

또한 '내 돈 주고' 사 먹지 않는다고 했지, 남이 사준 고기나 어쩌다 받게 된 '고기' 정도는 넙죽 받아먹었다. 나와 남편, 그리고 두 아이는 회사와 학교, 유치원에서 점심으로 나오는 고기반찬을 맛있게 먹는다. 붉은 고기를 사기 위해 나서서 지갑을 열지는 않지만, 회사 식당에서 제공되는 고기반찬은 귀하게 여기며 먹는다.

완벽한 채식주의자가 될 수는 없어 한때 죄책감을 느끼기도 했지만, 할 수 있는 일을 할 수 있는 만큼 해야 오래간다고 생각한다. 100만큼 하지 못하면, 70만큼 여러 번 하면 되니까 괜찮지 않을까?

채식이 지구를 살린다고 말한 《우리가 날씨다》의 저자 조너선 사프란 포어도 사실 공항에서 햄버거를 몇 번 먹었다고 고백했다. 심지어 《나는 쓰레기 없이 살기로 했다》의 저자 비 존슨도 1년에 1L 정도의 쓰레기는 배출한다. 소비가 가장 '반생태적'인 행동이라 말한 마크 보일의 《돈 한푼 안 쓰고 1년 살기》도 딱 1년짜리 실험이었다.

하지만 그럼에도 우리는 친환경을 지향한다. 완벽하지 않음이 '하지 않을' 이유가 될 수 없다. 각자 자기 자리에서 조금씩 최선을 다하면 된다.

딱 1년 애쓴 결과, 30대 건장한 부부와 유치원생 두 아이로 이뤄진 우리 4인 가족은 1년 동안 일주일에 한 번꼴로 고기를 샀다. 고기를 많이 먹은 달에는 한 달에 5번, 적게 먹은 달에는 2주에 한 번 산 적도 있다. 100% 성공하지는 못했다. 남편 생일에는 삼겹살도 사고, 몸이 축났던 날에는 뜨끈한 순댓국으로 몸과 마음을 달래기도 했다. 어버이날에는 부모님을 모시고 족발도 먹었다.

우리는 도전 기간 동안 불편했을까? 반은 맞고 반은 틀리다. 고기를 참아야 해서 불편했고, 맛있게 먹을 때면 죄책감도 들었다. 어떤 의미에서는 진정으로 고기를 맛있게 먹는 사람이 되었다. 예전보다 더 적은 양과 빈도로 고기를 사 먹으니 고기만큼 귀한 반찬도 없다.

두 아이 건강 걱정은 덜 하게 되었다. 아이들은 채소도 곧잘 먹는 어린이가 되었다. 편식쟁이 둘째가 오이 넣은 김밥을 맛있게 먹을 때 엄마의 감동이란! 큰아이는 시래기 된장국에 밥을 말아 두 그릇쯤 뚝딱 먹는다. 채식 카레는 세 그릇 먹으려 하길래 말리기도 한다.

나는 살림꾼이 되어간다. 닭 한 마리로 네 식구가 세 끼를 먹도록 재주를 부린다. 일단 파, 감자, 무, 버섯 같은 채소를 닭보다 많이 넣고 곰탕으로 푹 고아 끓인다. 네 식구가 닭곰탕을 두 끼 먹고 나면, 남은 국물은 닭죽을 쑤거나 닭칼국수 육수로 사용한다. 닭의 향과 흔적이 남은 국물을 어찌 버릴 수 있을까, 이게 얼마만의 고기인데.

식비 지출은 크게 달라지지 않았다. 고기를 덜 먹는다고 밥이 줄지는 않았으니 당연했다. 달라진 점이 있다면 고기 지출이 줄어서 15구에 9,000원이 넘는 동물복지계란(난각번호 1번, 자연 방목한 닭의 계란)을 먹을 수 있게 되었다는 점과, 유기농 식재료를 더 많이 사도 하루 식비 예산 2만 원을 지키고 있다는 점이다.

채식은 유난한 일이 아니다. 카레에 돼지고기를 넣지 않는 마음은 '안 쓰는 방 불 끄기'의 연장선이다. 한번 산 재킷이 멀쩡하면 5년은 입어 의류의 환경 영향력을 낮추고, 가까운 거리는 걸어 다니며 자동차의 탄소 배출을 줄이려 애쓰는 것과 다르지 않다. 5년째 쓰는 텀블러에 커피를 받아 마시는 감각과 고기를 덜 먹는 감각은 같다.

이 모든 감각은 에너지를 절약하고, 환경을 보호하며, 가정 경제를 지켜준다. 전혀 낯선 일이 아니다. 단지, 지구를(정확히는 인류를) 살리는 행동 양식이 몇 개 더 늘어났을 뿐이다. 사실 육식 자체의 문제를 알게 된 지 얼마 안 된다. 채식이 그동안 안 했던 일이라 조금 별나고 유난한 느낌이 들지만, 몰라서 안 했지 알고 나면 할 만하다.

고기가 맛있어도, 새 옷이 예뻐도, 자동차가 편해도, 내가 조금 참으면 후손들이 지구에서 생존할 수 있다. 이런 지속 가능한 불편함은 미래 세대의 조상인 우리가 할 수 있지 않을까? 그리고 이 말을 꼭 해주고 싶다. 채식 요리도 사람들이 몰라서 그렇지 몇 가지 요령만 익히면 진짜 맛있다.

하루 식비 2만 원, 4인 가족이
외식비 줄이는 법

아내가 피곤한 날에는 저녁에 외식을 한다. 한번은 멀리 차 타고 나가는 것도 부담스러워 집 근처 식당에 걸어갔다. 화석연료를 적게 쓰려고 차를 타지 않아 버릇하니 걷는 것도 익숙해졌다. 식사를 하고나서 카드 결제를 하다 말고 결제 단말기에 찍힌 숫자에 흠칫 숨을 삼켰다. 5만 원이 넘는 액수가 찍혀 있었다.

우리 부부가 각각 짬뽕밥 하나씩, 8살과 6살인 두 딸이 짜장면 보통 한 그릇을 나눠 먹고, 요리로 크림새우 작은 사이즈를 시켰을 뿐이다. 그간 식비를 아끼려고 집밥을 열심히 해 먹으며 잘 버텼다. 그러나 우리가 냉장고 파먹기를 하는 동안 물가도 열심히 올라있었다.

이틀 치 식비보다 많은 돈이 한 끼 식사로 사라졌다. 그나마 부담스럽지 않은 음식이랍시고 고른 중국집이었다. 5만 원, 맞벌이 시절이었다면 그럭저럭 넘어갈 만한 외식비다. 그러나 당시 나의 휴직으로 아내가 외벌이하던 상황에서는 가볍지 않은 액수다. 기분 내키는 대로 외식을 하다가는 마음만은 느긋했던 휴직 라이프를 지속할 수 없다는 불안한 확신이 들었다.

나는 아이를 돌보며 소박하게 살고 싶었다. 그래서 큰아이 초등학교 입학에 맞춰 육아휴직을 신청했다. 식비절감을 위해 텃밭에서 야채를 수확하고, 집밥 위주로 먹었다. 제철 채소를 듬뿍 사용한 집밥은 건강에도 좋고, 비용도 얼마 발생하지 않았다. 양껏 즐겨도 비만 걱정이 없었다.

그러나 어려움도 존재했다. 자극적인 요리를 먹고 싶은 충동이 때때로 참을 수 없이 밀려들었다. 몸에 MSG 게이지라도 있는 듯 몸에 나쁘고, 인공화학물질이 잔뜩 든 음식이 주기적으로 당겼다. 육식을 의식적으로 지양하기도 하고, 피자나 햄버거를 엄청 즐기는 편이 아닌데도 그랬다.

우리는 요리 솜씨가 빼어나지 않다. 초밥, 치킨과 같은 메뉴를 집에서 '머릿속에 떠오른 이미지'에 가깝게 구현하기란 매우 어렵다. 더군다나 우리 집의 하루 식비는 2만 원으로 제한되어 있다. 2만 원으로 구현할 수 있는 상차림에는 한계가 존재한다. 텃밭의 싱싱한 채소가 막강한 지원군이 되어주지만, 모든 음식을 양파와 깻잎, 감자로 만들 수는 없다. 결국 다른 사람이 해주는 맛있는 음식이 필요하다. 휴직 라이프를 지켜줄 합리적인 가격 범위 안에서 말이다.

외식이 부담스러우면 배달 음식이라도 시켜 먹으라는 조언을 듣기도 했지만 내키지 않았다. 배달 음식은 음식보다 나중에 정리해야 할 쓰레기가 더 많았다. 언제인가 국물이 진하기로 유명하다는 설렁탕을 배달시킨 적이 있다. 나는 비닐 포장을 하나하나 뜯으며 여러 번 탄식해야만 했다. 국물은 물론 밑반찬들과 밥, 식기까지 모두 개별 용기에 담겨있었다.

플라스틱을 줄이려고 주간 플라스틱 배출량을 주기적으로 기록까지 했던 우리에게는 재난이나 다름없었다. 순간의 유혹을 참지 못해서 이런 벌을 받는다고 생각했다. 설렁탕 기름기가 잔뜩 밴 플라스틱 통을 재생비누로 빡빡 설거지하면서 '다시는 시켜 먹지 않겠노라' 마음을 굳게 먹었다.

끝이 좋으면 다 좋다. 마감 세일을 노려라

•

외식비는 부담스럽고, 배달 음식은 싫다면 맛있는 음식을 먹고 싶은 욕구를 어떻게 해야 하나. 해결책은 의외의 순간에 찾아왔다. 제이슨 히켈의 《적을수록 풍요롭다》를 읽던 중 연필로 세 번 밑줄을 긋게 된 내용이 있다. 전 세계에서 생산되는 식품 전체의 3분의 1, 그러니까 20억 톤가량이 매년 버려진다는 것이다.

나는 음식물 쓰레기를 줄이기 위해 노력하며 살았다. 먹을 만큼 음식을 만들고, 내 접시에 받은 음식은 가급적 모두 먹는다. 그러나 식품 폐기는 단순히 '개인의 잔반 비우기'로 해결될 차원의 문제가 아니다. 식량 폐기는 식량 공급 사슬 전체에 걸쳐 구조적으로 발생하고 있다.

식량이 남아도는 고소득 국가에서 음식은 상품이다. 그렇기에 농민은 외관상 예쁘지 않은 채소를 버린다. 식품 기업들은 유통기한을 필요 이상으로 엄격하게 적용하여 폐기 시기를 앞당긴다. 매출을 올리기 위해 대용량 할인 판매를 하고, 1+1방식으로 대량 구매를 부추긴다. 나는 식품 폐기 문제를 자세히 알아보려고 다른 자료를 찾아보았다. 그러던 중 2022년 3월 10일 KBS2 채널에서 방영된 〈먹다 버릴 지구는 없다〉라는 프로그램을 발견했다.

다큐멘터리의 한 장면이 벼락처럼 꽂혔다. 대형 마트의 마감 세일 상품을 구매하는 것만으로도 식품 폐기를 줄일 수 있다는 내용이었다. 단순하고 매력적인 방법이다. 방송에 출연한 대형 마트 관계자는 폐점 시간이 임박해서 적용하던 마감 세일의 시간을 앞당김으로써 식품 폐기량을 20% 이상 줄였다고 밝혔다.

나는 가끔 마감 세일 코너를 지나치면서도 왠지 품질이나 맛이 우려되어 선뜻 손을 뻗지 않았다. 먹어도 괜찮은 음식이니까 판매하겠지만 심리적으로 저항감이 있었던 것은 사실이다. 마치 내가 덤스터 다이빙(쓰레기통에 버려진 재고 음식, 물건 등을 취득하는 행위)을 하는 기분이 들었던 것 같다. 왠지 비위생적일 것 같고, 맛도 별로 일 것 같은 찝찝함을 쉽사리 지울 수 없었다.

그런데 나 같은 사람이 흔한 탓인지 방송에서는 마감 세일 상품의 안정성을 적극 강조했다. 모 대학의 교수로 재직 중인 전문가는 '생산 일자가 짧은 제품이나 유통기한이 임박한 제품 모두 품질, 맛, 안전성에 전혀 문제가 없다'라고 단언했다. 그래도 의심의 눈초리를 거두지 않을 시청자를 고려했는지, 블라인드 테스트를 통해 맛과 냄새만으로 유통기한의 남은 날짜를 추측하는 실험까지 보여주었다.

다시 찾아온 외식 욕구에 시달리던 우리 가족은 마감 세일에 희망을 걸어보기로 했다. 사람이 붐비는 주말을 피해 평일 오후 9시에 대형 마트를 찾았다. 거의 3개월 만이었다. 올해 들어 식료품 가격이 폭등하면서 지역화폐를 사용하느라 동네 중소형 마트를 주로 다녔다. 만일 대형마트의 마감 세일이 10% 할인되는 지역화폐의 혜택을 능가한다면, 향후 적극적으로 '알뜰 야채'와 '떨이 상품'을 구매할 여지가 발생하는 것이다.

세일 품목이 적거나, 살 만한 상태가 아니면 과감히 포기하자는 우려 섞인 다짐을 하고 매장에 들어섰다. 그러나 곧 쓸데없는 걱정을 했다는 사실이 밝혀졌다. 쇼핑 목록에 적어 갔던 감자와 양파는 물론, 해산물과 육류 모두 마감 세일 스티커가 붙어있었다.

30% 할인이 적용된 양파망을 들어 세일하지 않는 양파와 비교해보았다. 꼼꼼히 여기저기를 살폈으나 외관상

으로는 차이점을 발견하기 힘들었다. 냄새를 맡아도 마찬가지였다. 우리는 기꺼운 마음으로 감자와 양파를 카트에 담았다. 해산물 코너는 감동 그 자체였다. 여름이라 해산물의 신선도에 유독 유난한 것인지는 모르겠으나 할인 폭이 최대 50%에 근접했다. 한 팩에 정가 9,980원인 국산 바지락과 모시조개가 5,080원, 흰다리새우살도 반값에 팔고 있었다. 내일의 해가 뜨면 음식물 쓰레기로 전락할 처지의 재료들이었다.

우리는 음식과 가정 경제를 동시에 구제하는 심정으로 무항생제 오리고기를 집어 들었다. 계산대로 카트를 돌리려는 찰나 최후의 축복이 내려졌다. 단 한 팩 남아있던 2만 3,800원짜리 문어 해물탕이 10시 무렵 만 원으로 변신한 것이다. 명란과 낙지, 새우, 전복까지 넉넉히 담긴 고급 해물탕이었다. 나흘 치 식재료를 원 없이 담고도 결제 금액은 5만 원을 넘기지 않았다. 중국집에서 먹은 한 끼 외식보다도 쌌다. 지역화폐로 결제해야 하는 집 근처 중소형 마트보다도 저렴했다. 심지어 식품 폐기량을 줄였다는 윤리적 만족감까지 덤으로 얻었다. 소비 수치심을 느끼지 않기가 참으로 힘든 세상에서 몇 안 되는 순수한 기쁨이었다.

덤스터 다이버들이 희열에 가득 찬 얼굴로 쓰레기통을 뒤지는 심정이 이해될 것도 같았다. 우리 가족은 음식이 상하지 않도록, 재료를 아끼지 않고 요리를 해 먹었다. 흰다리새우살과 양파를 듬뿍 넣고 소금과 후추 간을 해 볶음밥으로 만들었다. 문어 해물탕 육수로는 칼국수를 끓였다. 이어서 간장 오리 불고기와 마파두부, 국산 동죽 조개와 대파로 끓인 해물라면까지 부족함 없이 즐겼다. 마감 세일 장보기는 휴직자의 짠 식비 예산으로도 제법 기분을 낼 수 있는 고마운 길을 터주었다.

대한민국은 선진국으로 분류되는 고소득 국가로서 생산품이 넘친다. 매대에 전시된 알뜰 야채와 마감 세일 상품은 품질과 관계없이 넘치는 풍요 탓에 '떨이'로 분류되었을 뿐이다. 떨이 상품은 인플레이션 전쟁에 대비하는 강력한 무기다.

우리는 미국의 덤스터 다이버들처럼 위험하게 거대한 쓰레기통을 기어오를 필요가 없다. 저녁 식사를 하고 느지막이 마트를 방문해 보자. 보호 헬멧이나 휴대용 랜턴도 필요 없다. 그저 할인 스티커가 예쁘게 붙은 식품을 슬쩍 집기만 하면 된다. 알고 보면 참 쉬운 일이다.

중고 거래 현장에
아이를 데려가는 이유

4년 넘게 잘 굴러가던 노트북이 멈췄다. 일시적인 먹통 현상인가 했더니 부팅조차 되지 않았다. 가까운 컴퓨터 수리점에 문의해보았더니 메인보드 문제일 수 있다며 일단 들고 와보라는 응답이 돌아왔다. 수리 견적은 대략 20만 원 내외. 63만 원에 구입한 제품임을 감안하면 중고로도 구매할 수 있을 수준의 비용이었다.

나는 웬만하면 '고쳐 쓰자 주의'지만, 뜻밖의 목돈에 망설여졌다. 내가 뜸을 들이자, 사장님이 결정타를 날렸다. 일단 고친다고 해도 다른 부품의 노후화로 또 언제 고장날지 알 수 없다고. 자신감을 상실한 나는 결국 수리 신청을 포기했다.

아내가 주민센터에 있는 생활가전 수거함에 넣으려고 노트북을 챙겼다. 그런데 내게 번뜩 '혹시나' 하는 아이디어가 떠올랐다. 메인보드에 문제가 생겼다고 해도 기타 부품은 멀쩡할 수 있지 않은가. 현관문 손잡이를 돌리는 아내를 붙잡았다. 드라이버로 노트북 뒷면을 열었더니 번쩍거리는 회로기판이 등장했다.

구글 검색으로 같은 모델의 메인보드 구조와 부품 위치를 알아냈다. 샌드위치 사이에 끼워진 슬라이스 치즈를 쉽게 분간해낼 수 있는 것과 마찬가지로 독립적인 형태로 생긴 부품을 찾는 것은 어렵지 않았다. 조심스레 램 두 개를 떼어, 보조용으로 사용하던 다른 노트북에 끼워보았다. 둘 다 멀쩡하게 작동했다.

중고 거래 앱을 열었다. 램 8기가를 기준으로 3주 전에 3만 원에 거래된 적이 있었다. 누가 어떤 목적으로 사는 것인지는 모르겠으나 꾸준히 수요가 있는 듯했다. 시세보다 저렴한 2만 원에 내놓았더니 하루도 지나지 않아 응답이 왔다. 아파트 주차장에서 현금을 받고 노트북 램을 건넸다. 상대도 나도 만족스러운 거래였다. 남은 하드디스크는 직장 후배에게 예비 저장장치로 쓰라며 주었다.

2만 원은 큰돈이라 하기 어렵지만, 액수와 상관없이 기분이 좋았다. 폐기물로 전락할 뻔한 램과 하드디스크의 수명을 중고 거래가 늘려준 셈이었다. 질량 보존의 법칙과 마찬가지로, 세상에 한번 탄생한 제품은 저절로 사라지지 않는다. 우리 눈앞에서 치워졌을 뿐 버려진 물건은 소각로나 매립지, 강바닥, 바다 어딘가로 향한다.

나는 사람이든, 물건이든 항상 그 끝을 생각하는 버릇이 있다. 단발적이고 소모적일수록 나쁘다는 것이 짧은 내 인생에서 얻은 교훈이라면 교훈이다. 좋은 사람과 물건에 애정과 시간을 쏟으며 좋은 관계를 맺는 인생이 좋다고 생각한다.

중고 거래는 물건과 관계 맺는 방법을 배우기에 적절한 수단이다. 언제 물건을 놓아주어야 하는지, 내게 꼭 필요한 물건의 양은 어느 정도인지, 새 물건이 한 번 사용되었다는 이유로 얼마나 빨리 값어치가 하락하는지 배우려면 중고 거래를 해봐야 한다는 게 나의 지론이다.

사람은 본인이 아끼는 물건과 돈이 연관되어 있을 때 훨씬 빨리 배울 수 있다. 그런 믿음으로 인해 나는 중고 거래 현장에 자녀를 종종 대동하는 편이다. 얼마 전 딸이 장난감을 사달라고 졸랐다. 장난감의 이름은 팝잇 혹은 푸시팝으로 불린다.

내가 보기에는 단순히 뽕뽕 소리가 나는 고무를 푹푹 누르는 것에 지나지 않았다. 그러나 아이에게 팝잇은 요 며칠 사이에 굉장한 의미가 담긴 물건이 되어버린 듯했다. 유치원에서 자기만 없다며 울상을 지었다.

처음에는 못 들은 척했다. 아이들 세계에서 유행하는 장난감은 한두 가지가 아니다. 유행이 금방 변할뿐더러 품질이 조악한 장난감도 흔하다. 무엇보다 벌써 집에는 순간의 기분을 참지 못해 비싼 대금을 치른 예비 쓰레기가 한가득이다. 몇 번 조르고 말겠거니 했던 실랑이가 생각보다 길어졌다. 단짝 친구가 팝잇을 유치원 가방에 달고 다니면서 눌러 댄 탓이었다. 날이 갈수록 팝잇의 종류는 늘어가고, 유혹도 커지는 듯했다.

중고 거래 콜? 당근이지!

•

우리 부부는 아이에게 중고 팝잇을 제안했다. 새것이 아니라고 싫어할까 봐 중고 거래 앱에서 사진이 예쁘게 나온 매물을 골라서 내밀었다. 조마조마한 부모의 심장 소리는 하나도 들리지 않는지 아이는 활짝 웃었다.

딸과 바닥에 엎드려서 깔깔거리며 중고 매물을 훑었
다. 인터넷 가격의 절반도 되지 않는 금액대의 매물이 잔
뜩 있었다. 아이는 5개 묶음 상품을 골랐다. 색깔도 모양
도 다른 5가지 팝잇이 합쳐서 9,000원 밖에 하지 않았다.
믿을 수 없는 가격! 겉보기에는 새 제품이나 다름없었다.

"너 그거 알아? 팝잇이 지겨워지면 또 중고로 팔아도 된다?"
"헐! 나는 절대 안 팔아. 평생 가지고 놀 거야."

작열하는 태양 아래에서 중고 거래를 했다. 당장이라
도 쓰러질 듯한 강한 열기였지만 아이를 차에 남겨두지
않았다. 거래의 분위기와 방식, 물건을 오래 사용하는 방
법은 직접 현장에 가야 제대로 느낄 수 있다. 아이는 연신
부채질을 해가며 판매자를 기다렸다. 그리고 마침내 아
껴 모은 용돈을 판매자에게 건네고서 팝잇을 손에 쥐었
다. 팝잇은 당장에 우리 집 슈퍼스타가 되었다. 온 가족이
둘러앉아 고무를 쪼물딱거렸다.

팝! 팝! 터뜨리고 다시 부풀어 오르게 만들어 팝! 팝!
손가락에 관절염이 걸릴 때까지!

이건 과장이고 어쨌든 엄청나게 눌러댔다.

보름이 지나자, 화제의 주인공이었던 팝잇 오총사는 장난감 수납함 아랫단에서 조용히 잠을 자고 있다. 30℃가 넘는 뙤약볕을 견디며 거래한 물건이건만 유행품의 운명은 어쩔 수 없다. 그러나 아이에게 아쉬운 소리는 하지는 않을 것이다. 아이는 용돈 9,000원을 허공에 뿌린 것이 아니다. 9,000원으로 9만 원어치의 환경 공부, 경제 공부를 했다. 그것도 뽀로로 주스 9병을 사 먹을 수 있는 고사리 같은 자기 돈으로 말이다.

아이 이야기만 했지만 중고 거래의 일상화는 우리 가족 모두에게 영향을 미쳤다. 나는 2020년 여름에 아이패드와 DSLR 카메라를 처분했다. 모두 2014년에 결혼하면서 구입한 물건이다. 스마트폰 성능이 비약적으로 발전하면서 두 물건을 쓸 일이 거의 없어졌다. 신혼의 추억을 1,000장도 채 담지 못한 카메라는 나와 그다지 잘 맞지 않는 종류의 물건이었다.

문득 물건이 자리만 차지하고 있다는 기분이 들면 놓아줄 시기가 왔다고 봐도 좋다. '혹시나 언젠가는' 하고서 미련이 남겠지만 분명 그 물건을 더 잘 써줄 새 주인이 기다리고 있다. 나는 모니터를 구입할 때도 전시 상품을 택했다. 새것에 가까운 중고다. 정가 40만 원의 모니터를 29만 원에 구입할 수 있었다.

중고 거래를 하다 보면 자연스럽게 드는 생각들이 있다. 물건의 수명은 내가 예상했던 것보다 훨씬 길고, 품질 저하가 쉽사리 발생하지 않는다. 마케팅에 혹해 신상품을 정가로 주고 사는 것은 몹시 안타깝고 아까운 기분이 든다. 내가 해당 회사의 대주주이거나, 설립자의 가족이 아니라면 결코 추천하고 싶지 않은 방법이다.

나는 재벌 부모가 아니다. 아이에게 신형 스마트폰이나 노트북이 나왔다고 해서 덜컥 사줄 수 없다. 집이 여러 채 남아돌아 쿨하게 증여할 수도 없고, 크리스마스 선물로 우량주를 듬뿍 매수해줄 수도 없다. 절세를 고민할 만큼 고수입이 아니며, 종부세를 걱정하는 사람도 아니다.

대신 매일 가계부를 작성해서 부은 적금으로 내 집 마련할 정도의 부지런함은 있고, 폴리스타이렌과 폴리프로필렌을 비롯한 여러 종류의 플라스틱 분리수거에 능하며, 주말이면 온 가족이 걷기 좋은 숲을 찾아다닐 만큼의 체력은 보유하고 있다.

이런 조건이라면 매주 로또를 구매하여 인생 역전을 꿈꾸기보다 자녀가 중고 거래에 일찌감치 눈을 뜨게 하는 편이 합리적이지 않을까? 그렇기에 나는 아이와 손잡고 중고 거래 현장에 간다. 아이가 어떤 기분으로 어떤 것을 받아들이게 될지는 잘 모르겠지만.

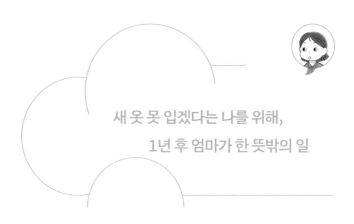

새 옷 못 입겠다는 나를 위해,
1년 후 엄마가 한 뜻밖의 일

"엄마, 미안해요. 정말 미안해요! 근데 새 바지 못 입겠어요."

엄마는 못 말린다는 표정을 지으시며 핸들을 꺾어 집으로 가셨다. 사건의 발단은 그날 아침으로 거슬러 올라간다. 엄마는 나에게 전화로 바지 사이즈를 물어보셨다. 옷가게를 둘러보시다가 마침 딸 생각이 난 거다.

나는 입던 옷만 입는다. 아는 사람이 멀리서 옷만 보고도 나인 줄 짐작할 수 있을 정도다. 나는 이런 내가 스스로 대견하다. 통장 잔고가 바닥날 때까지 돈을 쓰던 과거를 청산하고 내 힘으로 절약하고 저축하는 검소한 삶이 자랑스럽다. 그런데 엄마는 아니었던 모양이다. 딸이 입던 옷만 입는 게 마음 아프셨던 것 같다.

전화기 너머로 엄마는 검정 면바지도 예쁘고, 남색도 꽤 단정하다며, 원하는 디자인을 고르라고 하셨다. 설레고 들뜬 목소리였다. 하지만 나는 망설였다. 옷장에는 이미 바지가 많았다. 청바지 세 벌과 치마바지 한 벌이 있었고, 바지 없이 입을 수 있는 원피스도 세 벌이나 있었다. 더 이상 새 옷이 필요하지 않았다.

한사코 사양했지만 엄마의 딸 걱정은 못 말렸다. 결국 엄마는 새 바지를 사 오시더니, 내게 옷을 건네며 한마디 덧붙이셨다.

"얼마게? 맞춰봐~"

세일해서 싸게 산 옷이니, 엄마 주머니 걱정 말고 마음 편히 입으라는 배려였다. 엄마 마음을 생각하면 무례겠지만 그럼에도 거절했다.

이유가 있었다. 어느 순간 나는 새 옷에 박수치고, 헌옷을 안쓰럽게 여기는 문화에 겁이 났다. 대량 생산 뒤의 대량 폐기를 애써 외면하는 불편한 분위기다. 너도나도 새 옷만 입으면, 그 옷이 버려진 뒤에는 어떻게 될까? 실제로 지구에서 1년에 1,000억 벌의 옷이 생산되고 330억 벌이 버려진다. 한 명이 1년에 30kg을 버리는 꼴이다.

그 폐기물들은 다 어디로 갈까? 소각되거나 개발도상국으로 수출된 뒤 다시 버려져 소들이 풀 대신 뜯어 먹는다. 쓰레기 문제는 기후위기와도 닿아있다. 쓰레기가 많다는 것은 그만큼 대량 생산 되었다는 방증이다. 기후위기의 원인인 탄소 배출물은 대량 생산 과정에서 화석연료를 태울 때 발생한다. IPCC(기후변화에 관한 정부 간 협의체)에 따르면, 의류 산업은 전체 이산화탄소 배출량의 10%를 차지한다. 싸게 사서 쉽게 버리는 패스트 패션의 치명적인 단점이다.

옷을 세탁할 때도 문제다. 빨 때마다 옷에서는 미세 플라스틱이 떨어져 나와 하수도로 빠져나간다. 세계자연보전연맹IUCN의 추산에 따르면 전 세계 미세 플라스틱 오염의 약 35%는 합성섬유 제품을 세탁하는 과정에서 나온다. 우리나라 평균 세탁량에 대입하면 1년에 1,000톤이 넘는 미세 플라스틱이 나온다고 한다. 그러면 나는 뭘 할 수 있을까? 내가 할 수 있는 일이 있기는 할까?

(윤동주) 시인은 먼저 슬퍼한 자, 깊이 슬퍼한 자, 끝까지 슬퍼한 자들이 슬픔에 짓눌리지 않고 슬픔을 말하는 것으로 세상이 조금씩 나아졌다고 말하고 있는 것 같았다. 그렇게 슬픔은 보시가 된다.

－《있지만 없는 아이들》, 은유 지음, 창비, 2021년

은유 작가의 책에서 실마리를 얻었다. 나도 슬픔을 보시하기로 했다. 지구의 슬픔에 나도 보태기로 한 것이다. 입던 옷을 오래 입고, 새 옷 대신 중고 옷을 입음으로써 세상이 조금씩 나아지기를 바라면서 말이다.

2021년 여름, 처음으로 인터넷에서 중고 의류를 네 벌 구입해보았다. 당연히 새 옷 같지는 않았지만 충분히 멀끔했다. 스웨덴의 환경 운동가 그레타 툰베리는 '새 옷을 사지 않겠다'고 선언한 적이 있다. 그때 나는 10대밖에 되지 않은 툰베리가 걱정되었다. 앞날이 창창한 젊은이인데 대체 어쩌자고 저렇게 과감한 말을 할까?

이 걱정은 중고 의류에 대한 내 편견에서 비롯되었다. 이제 중고 의류를 사보니 알게 되었다. 예쁘고 질 좋은 옷이 남에게도 팔 수 있는 중고 의류가 된다는 걸 말이다. 툰베리도 예쁘고 좋은 옷을 입는다.

중고 옷을 입는 게 마냥 손해라는 생각도 들지 않았

다. 한번 생산된 옷이 오래 쓰이는 문화에 작게라도 보탤 수 있어 기분이 좋아질뿐더러, 가정 경제도 건강해진다. 중고로 여름옷 네 벌을 구매하는 데 배송비까지 모두 3만 1,900원만 들었다. 돈도 절약했을뿐더러, 처음으로 옷을 사면서도 죄책감이 들지 않았다. 중고 옷이야말로 진정한 '싸게 잘 산' 옷이었다.

우리 집 의류 예산은 남편과 나 각각 6개월에 10만 원인데, 중고 옷을 산 덕분에 이마저도 돈이 남아 저금했다. 월급이 남아도, 성과급을 받아도, 명절 보너스를 받아도 새 옷을 사고 싶은 마음이 들지 않았다. 우리는 계속 저축했다. 가정 경제는 건강해지고, 옷 걱정도 줄었다.

내 돈이 우리 집에만 머물러 있으면 의류 산업이 망할까? 나는 걱정하지 않는다. 대신 내 돈을 다른 곳에 흘려보내고 있다. 중고 의류 매장으로 말이다. 중고 의류 매장 사장님이 부자가 되서서, 더 많은 중고 의류 매장이 생기면 좋겠다. 사장님 부자 만들기 프로젝트에 일조하기 위하여, 겨울옷도 멋진 중고로 살 것이다.

2만 3,700원으로 12벌의 옷을 마련한 날. 택배를 뜯으며 괜히 머리를 긁적였다. 이렇게 싸도 되나? 멀쩡하고 좋은 옷을 헐값에 갖게 되니 분에 넘친다는 기분이 들었다. 중고가 저렴하다는 것은 알고 있었으나 손으로 옷감의 훌륭함을 확인하는 기쁨은 새삼 멋진 기분이었다.

하지만 한 가지 긍정할 수 없는 점이 있다. 대체 '매일매일' '헐값'의 중고 옷이 어떻게 쏟아져 나올 수 있는 걸까? 내가 운이 좋아 품질 좋은 중고 옷을 구한 게 아니다. 누구나 인터넷에서 '중고 의류' 혹은 '빈티지', '세컨 핸드'를 검색하면 중고 옷을 살 수 있다.

중고 옷이 낡고 해졌다는 편견을 버리자. 그저 넘치는 옷들 중 남은 옷일 뿐이다. 중고 옷은 충분히 깨끗하고 세련되었으니 싼 게 비지떡이란 속담도 이젠 옛말이다. 필요 이상으로 공장이 돌아가는 21세기에 '중고'는 비지떡이 아니라, 넘쳐 흘러버린 생산품의 일부일 뿐이다.

생활비가 많이 줄었다. 물가는 오르는데 월급이 오르지 않아 '월급 삭감'이나 다름없지만, 그럼에도 우리는 외벌이로도 네 식구가 잘 먹고, 입고, 놀면서도 번 돈보다 적게 쓰고 있다. 지구에 진 빚을 갚고자 친환경 생활을 시작했지만, 그 누구보다 내가 경제적 도움을 받고 있다.

나는 진심으로 중고 의류 산업이 활성화되길 바란다. 지금은 옷장에 옷이 그득해도 입을 옷이 없다는 게 미스터리라며 농담하는 시절이다. 하지만 농담 아닌 현실로는, 지구가 망해가고 있어도 별다른 조치를 적극적으로 취하지 않는 아이러니한 시대다. 우리에게는 불필요한 물건들이 광고의 힘으로 소비되는 그런 자본주의보다, 중고 의류 매장 사장님이 재미를 보는 세상이 필요하다.

중고 옷을 마련한 며칠 뒤, 엄마는 나에게 흰 바탕에 산뜻한 줄무늬가 있는 반팔 블라우스를 건네셨다.

"입어봐~ 사이즈 맞나 모르겠네."

나는 또 머뭇거렸다. 중고 옷을 입는다고 걱정하시는 걸까?

"참, 이건 엄마가 입던 거야. 새 옷 아니다."

엄마는 내게 옷을 물려주셨다. 엄마가 새 옷보다 질 좋은 옷을 물려주시니 힘이 났다. 여전히 중고 옷에 대한 사람들 편견이 심하지만, 그러면 어떤가 싶다. 우리 엄마가 나를 응원해주는데, 100명이 궁상이라고 손가락질해도 주눅 들지 않을 자신 있다. 나이는 30대에 아이는 둘을 키우는 성인인데도 그 누구보다 엄마에게 칭찬받을

때, 잘 살고 있다는 기분이 든다.

새 옷은 예쁘다. 그러나 중고 옷은 기후위기와 쓰레기 팬데믹에 대한 대응으로서, 검소한 삶이라는 의미가 있다. 그러니 새 옷을 입는 사람은 예쁘다고 박수받고, 중고 옷을 입는 사람은 그 마음이 예쁘다고 박수를 받으면 좋겠다. 궁색하다는 험담이나 새 옷을 입으라는 걱정보다, 따뜻한 격려가 오가는 문화를 꿈꾼다. 문화가 변해야 기후는 변하지 않을 테니까.

에어컨 두 시간만 틀고
폭염 나는 비결

옛이야기 속 자린고비는 천장에 굴비를 매달아두고 밥을 먹는다. 아들이 굴비를 두 번 쳐다보자 짜다고 성을 낸다. 지나친 궁상을 비꼰 농담 정도로 받아들일 법한 이야기지만, 우리 집은 마냥 웃을 수만은 없다. 거실과 안방에는 시스템 에어컨이 설치되어 있다. 하지만 폭염 경보나 폭염 주의보가 발령된 날에만 두 시간 정도 돌릴 뿐, 그 외에는 에어컨을 켜지 않았다. 최신식 굴비나 다름없다.

단순히 전기 요금을 아끼자고 자린고비형 절약을 하는 것은 아니다. 에어컨의 전기 요금은 실외기가 얼마나 강하게, 오래 돌아가느냐에 비례한다. 비교적 최근에 출시된 인버터형 에어컨은 자동으로 실외기 운영을 최소화한다. 항상 풀파워로 돌아가는 게 아니라 실내 온도에 따라 강약이 조절된다. 과거처럼 전기 요금 폭탄은 거의 발생하지 않는다는 말이다.

그러면 우리 집은 왜 에어컨을 안 쓰는가? 결론부터 말하면 소비를 줄이고, 자원을 적게 써야 만족감이 높기 때문이다. 아마 쉽게 납득할 수 없을 것이다. 이해를 돕기 위해 소상히 설명하자면, "전기를 아끼는 게 무조건 옳아!" 이런 강박적인 뉘앙스가 아니다. "오늘도 지구에 해를 덜 끼치니 마음이 한결 편하네, 잠깐 덥고 말지. 냉방병보다는 차라리 괜찮아." 이 정도 느낌에 가깝다.

내 기분을 이성적으로 만족시키기 위하여 에어컨을 끄는 것이다. 여름은 본디 덥다. 여름을 가을처럼 바꿔보려는 건 어디까지나 인간의 과욕이다. 이런 평정심만 되찾아도 더위가 조금 버틸 만해진다. 누군가에게는 이상하게 들릴 수 있다는 사실을 잘 알고 있다. 우리 부부가 더위를 전혀 안 타는 체질이거나, 인도 고행승처럼 육체적 인내를 종교적 희열로 승화하는 취향은 절대 아니다.

아내는 더위를 덜 타는 체질이지만, 나는 날이 뜨거우면 진이 빠진다. 당연히 서늘한 공기로 가득 찬 카페에서

멜론 빙수를 떠먹으면 상쾌하다. 차가운 잔에 생맥주를 받아 벌컥 들이켜는 것이 여름날의 일상적인 소망이다. 즉, 우리도 보통의 온도 감각을 지닌 사람들이다. 에어컨에 민감하게 된 것은 생활 습관의 결과가 아닌가 싶다.

우리 부부는 2014년에 결혼한 이후 환경에 관심을 가지고 나름의 공부와 소소한 실천을 해왔다. 그 과정에서 지구 단위로 사고를 확장하는 훈련을 반복적으로 하게 되었다. 지금 우리가 먹고, 마시고, 사용하는 것들이 얼마나 지구 환경에 유해한가를 가늠해보는 것이다.

물론 언제나 최선의 선택을 하지는 못한다. 아이들 교육용 '잉글리시 타이거+핑크퐁 펜' 세트를 중고로 구하는 건 괜찮은 선택이다. 반면 신발은 새 제품으로 구입하고, 맞벌이에 바쁜 시기까지 겹쳐 피곤한 날은 플라스틱 포장재가 쏟아지는 배달 음식을 시켜 먹기도 한다.

그럼에도 항상 '환경'을 우선순위에 두려고 부단히 애쓴다. 에어컨 사용도 그 일환이다. 내가 에어컨을 켤까 말까 고심하는 순간에도 케냐에서는 몇 달간 지속된 가뭄으로 사람이 죽어간다. 이상기후로 인한 가뭄에는 한국의 몫이 제법 크다는 것을 알고 있으므로 나는 에어컨을 켜지 못한다.

그럼, 야간에도 36℃에 육박하는 열대야는 어떻게 대처할까? 앞서 밝혔다시피 폭염 주의보와 폭염 경보가 뜬 날에는 두 시간가량 에어컨을 가동한다. 두 시간 후 전원을 꺼도 냉기는 한동안 지속된다. 자정을 넘긴 밤에는 대개 바깥 기온이 떨어지므로 가스 불을 켜서 요리하는 저녁 시간대만 잘 넘겨도 충분히 더위를 이겨낼 수 있다.

앞뒤로 창문을 열어 맞바람이 드나들게 하고, 생활 동선에 선풍기를 배치하면 꽤 시원하다. 착용하는 의류의 차이도 크다. 통기성이 뛰어나고, 접촉 시 차가운 느낌을 주며, 땀이 금방 마르는 소재의 의류는 체감 더위를 대폭 낮춰준다. 민소매 상의도 나쁘지 않은 선택이다.

샤워에도 요령이 있다. 냉수로 몸을 씻으면 당장은 짜릿하지만 오히려 숙면에 방해가 된다. 지나치게 차가운 물은 혈관과 근육을 수축시켜 내부의 열이 발산되는 것을 막는다. 적당히 미지근한 물이 더 낫다.

더위를 대응하는 기본 원칙을 세워 에어컨 가동을 줄이면 자연스레 전기 요금도 적게 나온다. 아파트 관리비 사이트에서 통계를 확인해 보니 지난 6개월간 전기 사용량이 동일 면적 평균보다도 약 20% 정도 적었다. 집에 머무는 시간이 긴 집돌이, 집순이 라이프 스타일을 감안하면 꾸준히 선방하고 있는 셈이다.

얼마 전 이준익 감독의 영화 〈자산어보〉를 보다가 나도 모르게 입을 턱 벌리고 말았다. 불과 200여 년 전에는 한반도에 에어컨도 선풍기도 없었다. 그런데도 사람들은 그러려니 하며 부채질과 나무 그늘로 여름을 났다. 오늘날의 사람들은 에어컨 한두 대로도 만족을 못 해서, 창문형 에어컨이니 해서 모든 방마다 개별 냉방을 시도한다. 200년 만에 인간의 DNA 구조에 중대한 변화가 발생한 것은 아닐 테니 더위를 참지 못하는 건 우리의 참을성이 부족해진 탓일 가능성이 높다.

나는 열대야 경보가 울리지 않는 한 에어컨을 켜지 않으려 한다. 매일 산책을 하고, 팔 굽혀 펴기를 하듯 더위 극복 매뉴얼을 충실하게 수행한다. 적당히 몸을 식힐 만한 온도로 샤워하고, 차가운 소재의 옷을 입은 후, 메밀 막국수와 파인애플처럼 찬 성질의 음식을 먹는다. 냉장고에서 얼음처럼 차가운 수박을 썰어 먹고 있으면 '여기서 뭘 더 바라' 하는 마음이 절로 든다. 그러면 신기하게도 그날은 선풍기로도 네 식구가 꿀잠에 든다.

가끔 딸아이가 묻는다. 우리는 에어컨이 있는데 왜 안 켜냐고.

"여름은 더운 계절이잖아. 건강을 해치는 날씨가 되면 다시
켤 거야."

아직은 폭염 주의보가 발생해서 에어컨을 빵빵 트는
날에 환호하는 딸이다. 나도 오랜만에 냉풍을 뒤집어쓰
니 그렇게 편하고 나른할 수가 없었다. 그래도 두 시간 뒤
에 리모컨 버튼을 꾹 눌러 껐다. 아이는 못내 아쉬워하는
얼굴이었다.

나의 뜻은 단순하다. 이렇게 말하면 지구가 꼭 내 것
처럼 들리겠지만, 아이에게 '봄, 여름, 가을, 겨울'이 뚜렷
한 지구를 물려주고 싶다. 시스템 에어컨이 최첨단 굴비
가 될지라도.

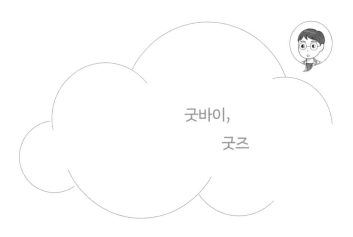

굿바이,
굿즈

커피 쿠폰의 사용기한 만료가 다가와 스타벅스에 갔다.
늘 그렇지만 기한이 일주일 정도 남기까지 버티다가, 초
조해질 무렵에 매장을 방문했다. 실내는 '여름 프리퀀시'
이벤트를 중심으로 꾸며져있었다. 스타벅스의 중요한 시
즌 이벤트다. 여름에 음료 17잔을 마시면 바캉스에 어울
리는 아이템을 준다. 프리퀀시 이벤트는 거의 매년 화제
였으나 올해는 이벤트가 시작한 지 꽤 되었는데도 주변
에서 아무 소식도 듣지 못했다.

작년만 해도 이벤트 달성 굿즈를 얻으려고 주변이 자
못 시끄러웠다. 친구끼리 한 명에게 스탬프를 몰아주기

도 하고, 중고 거래 사이트에서 포장을 뜯지 않은 굿즈가 웃돈을 얹어 거래되기도 했다. 그런데 1년 만에 분위기가 사뭇 달라진 것이다. 나 역시 별 감흥이 없었다.

상품 디자인이 성에 차지 않는 사람도 있고, 그저 올해 바뀐 품목이 별로인 사람도 있다. 나는 프리퀀시 이벤트가 부진한 배경에는 환경에 부쩍 관심이 높아진 시대 흐름이 반영된 탓도 있지 않을까 짐작했다. 슬그머니 굿즈에 대한 인식이 바뀌고, 여기저기서 쏟아지는 굿즈 행렬에 피로감을 느끼는 사람도 늘어나고 있는 것은 아닐까?

나도 굿즈에 목매던 시절이 있었다. 나는 컵을 좋아해서 머그잔이나 맥주잔, 위스키잔 따위를 가리지 않고 모으곤 했다. 한번은 김훈 작가의 머그잔이 가지고 싶어서 책을 샀다. 김훈 작가의 《칼의 노래》를 읽고는 온몸에 닭살이 돋아 이순신 장군에게 심취해 있던 무렵이었다. 이후 한동안은 김훈 작가의 책만 읽었다. 그가 쓴 문장을 하루라도 읽지 않으면 허전하여 휴대폰 메모장에 복사해두기도 했다. 이런 형편이었으니 김훈 머그잔을 어떻게 지나칠 수 있었겠는가.

집에는 이미 머그잔이 열댓 개를 헤아렸지만 중요치

않았다. 나는 도서관에서 이미 빌려 읽은 에세이 《라면을 끓이며》를 구입했고, 머그잔을 손에 넣었다. 잔 표면에는 '아, 밥벌이의 지겨움!! 우리는 다들 끌어안고 울고 싶다'라고 프린트되어 있었다.

나는 밥벌이가 울고 싶을 만큼 지겹다고는 생각하지 않았으나, 컵에 새기기에는 나쁘지 않은 문구라고 생각했다. 그러나 굿즈가 으레 그러하듯 머그잔은 관심사에서 빠르게 멀어졌다.

언젠가는 투썸플레이스 케이크에 꽂혀서 한 달 내내 케이크를 먹으러 다녔다. 허벅지에 군살이 오르는 걸 실시간으로 감지하면서도 끊을 수가 없었다. 당시 나는 어떤 것에 중독된 상태로만 존재할 수 있는 사람이었고, 굿즈는 중독의 그럴싸한 핑곗거리가 되어주었다. 나에게 굿즈란 '나는 이것을 좋아합니다'라는 것을 확인시켜주고, 강박적 소비에 따른 윤리적 죄책감을 덜어주는 위안물에 가까웠다.

나는 투썸플레이스 머그잔을 굿즈로 받았다. 그러나 머그잔이 내게 주는 교훈은 자명했다. 자제력을 상실한 인간이 살찐다고 불평하면서도, 케이크를 끊지 못하면 재고 처리용 굿즈를 떠안게 된다. 하지만 굿즈라도 없으면 '케이크 중독'을 변명할 수 없었기에 잔을 버리지 못했다.

입에 닿은 솜사탕이 녹아내리듯 '케이크 중독'은 금세 사라졌다. 투썸플레이스 방문 횟수는 뜸해졌지만 이벤트성으로 판매하는 시즌 굿즈는 여전히 탐났다. 일종의 조건 반사처럼 굿즈를 보기만 해도 뇌에서 도파민이 분비되었다. 내가 굿즈에 속박되어 있다는 사실을 받아들이게 된 것은 한참 뒤의 일이었다.

우리 부부는 결혼 후 8년간 임대아파트에 살았다. 베란다가 필요 이상으로 거대하게 빠지고, 복도마저 넓어서 전용 면적이 좁은 집이었다. 거실과 연결된 부엌은 아담해서 마치 원룸 같았다. 그러나 내 집 마련을 위한 '긴축 재정'이 가계 운영의 기조였기에, 별도의 수납장을 구입하지 않았다. 빌트인으로 설치된 상부 찬장을 반짝반짝 문질러 그대로 사용했다.

우리 부부의 짐만 있으면 기본 찬장으로도 충분히 수납이 가능했다. 그러나 아이들이 크면서 도시락통과 식판 놓을 자리가 부족해졌다. 그릇 겹쳐 쌓아두기 기술로도 한계에 이른 어느 날, 위태롭게 얹혀있던 접시가 떨어져 깨졌다. 쭈그리고 앉아 접시 파편을 치웠다. 나는 화도

나고 눈물도 나서 더 이상 이런 식으로 살지 않겠다고 입술을 깨물었다.

당장 물건을 추려내기 시작했다. 집안의 모든 수납장을 열어 내용물을 꺼냈다. 마법 주머니처럼 물건이 계속 나왔다. 플라스틱 약병 50개와 샐러드 가게 개업 선물로 받은 투명 물병, 결명자차 끓이는 용도로 두 번 쓴 주전자가 뜬금없이 튀어나왔다.

책상과 서가는 더욱 심각했다. 우리 부부는 책과 문구류, 차, 커피, 술을 좋아한다. 그런 성향 탓에 '화석이 되어가는 굿즈 쓰레기'도 대거 보유하고 있었다. 일상적인 필기가 불가능한 목공용 연필, 조니 워커 레드 라벨 노트, 알라딘 서점에서 포인트로 구매한 도라에몽 컵……, 그때 그 시절의 굿즈가 끝이 보이지 않을 만큼 연달아 발굴되었다.

고백하자면 김훈 작가님의 머그잔도 이날 발견했다. "아! 맞다. 이것도 있었지"를 얼마나 연발했는지 모른다. 모두 1년간 단 한 번도 사용하지 않은 물건이었다. 넘치는 풍요와 과잉 쾌락에 둘러싸인 현대인은 항상 '소유'를 경계해야 한다는 현자 같은 생각을 잠깐 했으나, 당장 폐기물을 정리하고 버리는 작업이 급했다.

"이 에코백은 동아서점에서 김영건 저자의 《당신에게 말을
건다》를 사고서 받은 거잖아. 절대 버릴 수 없어."

인연과 사연이 담긴 굿즈는 차마 처분하기 어려웠다.
쓰레기봉투로 손을 뻗는 것이 주저되었다. 굿즈를 버리
면 추억까지 사라져 버릴까 봐 두려웠다. 하지만 그 감정
때문에 들여다보지도 않을 거면서 공간만 잡아먹는 굿즈
가 쌓여 애들 식판 하나 놓기도 어려운 지경에 이른 것이
다. 굿즈에게는 미안하지만, 몇몇 굿즈는 예쁘고 귀여운
미련 찌꺼기에 불과했을지도 모른다.

두근두근 사랑하는 굿즈만 남기고 나머지는 기억 속
에 소중하게 보관하기로 결정했다. 우리 부부는 하나 버
릴 때마다 20번씩 들었다 놨다를 반복하며, 번뇌에 잠긴
채 종량제 봉투 20L를 채웠다. 저녁에 설거지하다가 홧
김에 벌인 청소는 자정이 넘어서야 끝났다.

이번 생에 굿즈와 완전히 결별하는 것은 불가능할 것
이다. 사람은 기본적으로 물성과 추억에 의지하여 사는
생명체다. 띠부띠부씰 스티커가 가지고 싶어 포켓몬빵을
사고, 아이스박스가 탐나서 스타벅스 커피를 마신다. 신
통치 않은 물건이라도 그 순간의 재미와 아주 작은 의미

가 있으면 물건을 탐내는 존재가 인간이라고 생각한다.

나는 지금도 가슴속 깊이 중고 거래를 해서라도 손에 넣고 싶은(예를 들면 뽀로통한 얼굴의 무라카미 하루키 배지 같은) 굿즈가 있다. 그렇지만 이제는 굿즈가 방치되고, 최종적으로 쓰레기가 된다는 사실을 경험으로 안다. 여전히 새 물건과 서비스의 유혹은 강렬해서 보면 만지고 싶고, 가지고 싶지만 의식적으로 노력하여 자제하고 있다. 내 수집 욕구보다 굿즈로 인한 환경 오염이 더 위험하고, 중요한 문제라는 것을 납득하는 중이다.

굿즈 문화는 재미있지만, 많은 자원을 소모하고 불필요한 물건을 대량으로 생산하게 만든다. 나는 언제부터인가 무료 굿즈라도 정중하게 사양하고 있다. 가끔 의아해하는 상점 주인도 있지만 침착하고 다정한 얼굴로 사유를 말씀드리면 대부분 웃으며 수긍해준다.

텀블러 사용과 용기내 챌린지도 초기에는 어색하고 번거로운 취향으로 간주되었다. 그러나 곧 사회의 지지를 받아 주류 문화의 일부로 편입될 수 있었다. 유행처럼 번지고, 쉽게 소모되는 굿즈 문화도 잠시 멈춰서서 고민해봐야 할 필요가 있지 않을까?

큰 변화는 늘 작은 부분에서 시작한다. 스타벅스가 종

이 빨대를 제공하면서 정말 많은 사람이 자극을 받아 다회용 개인 스테인리스 빨대를 이용했고 그 모습을 SNS에 찍어 올렸다. 또 일회용품을 사용하지 않는 생활양식이 힙하다고 여겨지면서 호응도 이어졌다.

1+1 우유 팩도 테이프나 비닐로 묶여 나오던 것이 어느덧 종이띠 포장으로 대세가 넘어왔다. 환경에 민감한 분들이 늘어날수록 굿즈를 거부하는 흐름은 거세어질 수밖에 없다고 생각한다. 그러면 소비자 기호에 민감한 기업도 굿즈 남발에 경각심을 가지지 않을까?

굿즈를 사랑하고, 굿즈 수집을 취미로 하는 분께는 나의 의견이 불편할 수도 있다. 그러나 이를 비틀어 생각해보면 어차피 굿즈 문화가 사라지지는 않을 테니, 오히려 수준 이하의 유행 편승형 굿즈는 줄어들고 양질의 굿즈만 남을 것이기 때문에 장기적으로는 오히려 좋을 수 있다.

굿즈goods라고 정말로 모두 굿good한 것만은 아니다.

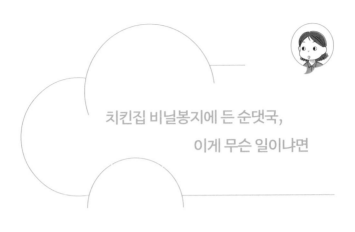

치킨집 비닐봉지에 든 순댓국,
이게 무슨 일이냐면

"새댁이 참 알뜰하네!"

다회용 망사 주머니에 채소나 과일을 담을 때면 알뜰하다는 말을 자주 듣는다. 양파 무게를 달아주시는 마트 점원분도, 느타리버섯을 넣어주시던 재래시장 상인분도 그렇게 말씀하셨다. 어리둥절했다. 나는 한 푼도 득 본 게 없는데 말이다.

　부자가 되려고 한 일은 아니었다. 그저 쓰레기 때문에 지구가 망할까 봐 비닐봉지, 일회용 포장 용기 대신 다회용 망사 주머니에 채소를 담고, 빈 용기에 음식을 포장했다. MZ세대들이 동참하고 있는 용기내 챌린지(빈 용기에 음식이나 식재료를 담아오는 일)의 흐름에 나 또한 몸을 맡겼을 뿐이다.

따지고 보면 내 살림보다는 사장님들 살림에 보탬이 되지 않았을까? 마트 사장님의 비닐값, 식당 사장님 일회용기값을 아껴드렸으니까 말이다. 환경 보호가 정말 알뜰한 일인지 궁금해졌다. 지구를 아끼는 마음과 돈을 아끼는 마음의 연결고리를 고민했다.

우연인지, 용기내 챌린지를 할 때마다 알뜰하다고 덕담을 해준 분들은 나이 지긋한 장년층인 경우가 많았다. 밀폐용기를 가져가면 청년 점원분은 "용기내셨네요!"라고 응대해주는 데에 비해, 나이가 지긋하실수록 알뜰한 새댁이라 칭찬해주셨다. 쓰레기 배출을 최소화하려는 제로 웨이스트 운동을 살림의 관점에서 봐주신 거다. 사례를 멀리서 찾지 않아도 되었다. 그동안 제로 웨이스트라는 이름이 붙지 않았을 뿐, 친정 부모님이나 시부모님 모두 제로 웨이스트를 당연하게 여기고 계셨다.

어느 겨울에 있던 일이다. 우리 부부는 휴가 중이었고, 두 아이는 겨울 방학을 맞았다. 네 식구가 삼시 세끼를 해결해야 했지만 코로나가 한창 기승인 때였기에 외식은 언감생심, 나와 남편은 종일 밥하고 설거지하느라 쓰러질 것만 같았다. 배달을 시키자니 플라스틱 쓰레기 때문에 엄두도 안 나고, 그렇다고 포장을 해오자니 귀찮아서 대충 집밥으로 버티며 지냈다.

"딩동"

벨소리가 나서 현관을 열어보니, 커다란 비닐봉지 안에 음식이 포장되어 있었다. 역시, 이번에도 엄마가 다녀가셨다. '5인 이상 집합금지'가 있던 때라 엄마는 종종 음식만 현관 앞에 놓고 돌아가시곤 했다.

묵직한 비닐을 집으로 들고 왔다. 그런데 포장이 제각각이어서 어떤 메뉴인지 가늠이 안 되었다. 치킨집 비닐봉지와 왕만두 집 스티로폼 두 개, 그리고 스테인리스 밀폐용기 하나가 섞여 있었다.

포장을 열어보니 치킨도, 왕만두도 아닌 순댓국이 들어있었다! 엄마는 치킨집 비닐봉지도, 만두집 스티로폼 용기도 버리지 않고 씻어 말려 다시 쓰기 때문에 포장이 제각각일 수밖에 없었다. 엄마에게 배웠다. 일회용품도 여러 번 쓰면 다회용품이 되고, 쓰레기는 쓰레기통에 들

어갈 때까지 쓰레기가 아니란 걸.

　일회용품 재사용이 위생적이지 않다고 우려를 표하는 분들이 많다는 것을 알고 있다. 그러나 몇 가지 원칙만 지킨다면 크게 문제가 되지 않는다. 플라스틱은 열에 약하기 때문에 온수로 설거지하지 않을 것, 물기가 남아있으면 세균 번식의 우려가 있으므로 완전히 건조할 것, 깨지거나 코팅이 벗겨진 용기를 사용하지 않을 것 등이다. 건강한 상식선에서 일회용품을 한두 번 재사용하는 건 위생적으로 무해하다.

비슷한 일은 시댁에서도 반복되었다. 시댁 집 바로 아래층에는 카페가 있다. 덕분에 아침을 먹고 나면 집 아래 카페에서 커피를 한 잔씩 시켜 마시는데, 그때마다 집에 있는 머그잔을 식구 수만큼 챙겨간다. 일회용컵 사용을 줄이고 머그잔에 커피만 테이크아웃하기 위해서다.

시댁까지 가서도 쓰레기를 줄이는 품격 있는 제로 웨이스트? 내가 아니다. 그 품격, 시부모님 몫이다. 시부모님은 그 카페에서 커피를 드실 때마다 집에서 컵을 챙기신다.

"일회용컵 쓸 이유 하나도 없지. 아깝구로."

순댓국밥 집의 일회용품을 재사용하거나 카페 사장님의 일회용 컵을 아껴주는 정성만큼, 어른들은 집안 살림도 허투루 낭비하는 일이 없다. 덕분에 친정과 시댁에는 오래된 물건이 많다. 엄마는 집 정리를 했다며 내가 15살 때 가정 시간에 만든 퀼트 필통을 가져다주시기도 하고, 시댁에 가면 남편과 시누가 7살 때 쓰던 밥숟가락을 7살인 우리 딸이 쓴다.

자원을 소중히 대하는 만큼 과소비도 없으셨다. 덕분

에 우리 부모님은 외벌이 철도원 월급으로 삼 남매 대학과 시집, 장가를 다 보내셨고, 시부모님께서도 작은 꽃집을 함께 경영하시면서 두 남매를 무사히 키우셨다. 양가 부모님의 노후도 비교적 안정감 있게 준비되어 있다.

욕심을 버리면 누구나 부자고, 생활 규모를 줄이면 적은 소득으로도 살 수 있다. 이건 의도하든 아니든 일상을 단단하게 지킬 수 있는 기술에 가깝다. 나는 최근 부모님 세대를 재발견하면서 '제로 웨이스트' 같은 언어로 정립되어 있지는 않지만, 몸에 내재되어 있는 절약의 기술들을 확인할 수 있었다.

실제로 《이웃집 백만장자》를 쓴 토머스 J. 스탠리와 윌리엄 D. 댄코는 미국의 백만장자 1만 4,000명을 연구하며 그들의 공통점을 단 한 문장으로 정리했다. 돈을 아무리 많이 벌어도 다 써버린다면 그것은 '부유'해지는 것이 아니라 '부유층의 생활'을 누리는 것일 뿐이라고. 부는 축적하는 것이지 소비하는 것이 아니다. 낭비를 눈 뜨고 못 보는 습관은 경제적 자유에 이르기 위한 기본기였다.

그런데 이 백만장자들의 소비 절제는 환경 보호와 맞아 떨어졌다. 쓰레기 대란을 다룬 최병성 환경 운동가의 책 《일급경고》에는 소비를 경고하는 구절이 나온다.

물건을 소비한다는 것은 소비한 만큼 한정된 지구 자원을 사용하고, 소비한 만큼 쓰레기가 발생함을 뜻한다. (……) 이제 우리의 소비가 지구를 아프게 한다는 생각의 전환을 해야 할 때다.

-《일급경고》, 최병성 지음, 이상북스, 2020년

알뜰한 새댁의 연결고리가 풀렸다. 지원을 소모하는 것(소비)은 부유층의 생활을 흉내 내는 것일 뿐, 불필요한 낭비를 자제하는 것(축적)이야말로 경제적 안정을 얻을 수 있는 일이었다.

MZ세대의 제로 웨이스트 운동과 장년층의 낭비 없는 살림 습관은 한정된 자원을 조심스럽게 아껴 쓴다는 점에서 모두 연결되어 있다. 내 돈이든, 식당 사장님의 일회용기값이든, 누구의 돈이라도 절약해준다면 알뜰한 게 맞다. 그리고 이 알뜰한 생활이 지구를 구할 것이다.

4년 동안 비닐봉지
5,600개를 아꼈다

10억, 40살까지 모으고자 목표했던 금액이었다. 28살 때 남편과 나는 변변치 않은 돈으로 아이를 키우며 백만장자를 꿈꿨다. 백만장자는 100만 달러를 가진 사람이라지? 우리나라 돈으로 얼마를 가진 사람인지 계산하기 위해 1달러를 1,000원으로 퉁치며, 100만을 곱했다. 달러당 몇백 원이나 깎은 몹시 어설픈 계산법으로 백만장자를 10억 원 가진 사람인 셈 쳐버렸다.

백만장자의 삶이 어떤지는 모르겠지만, 막연한 상상일지라도 백만장자씩이나 되면 미래가 불안하지 않을 것 같았다. 백만장자가 되어보자는 다짐은 농담이 아니었다. 백만장자가 되려고 노력하면 오십만장자쯤은 되지 않을까? 백만장자의 꿈! 이건 손해는커녕 무조건 남는 장사다. 우리는 제법 진지하게 재테크 공부를 시작했다.

토마스. J. 스탠리의 책 《이웃집 백만장자》에서 유독 한 장면이 오랫동안 기억에 남았다. 부자가 될 수밖에 없는, 부자들의 사소한 습관에 대한 얘기였다. 책의 저자는 백만장자와 단 둘이 병원 대기실에 앉아있었다. 대기실에는 햇볕이 투명하게 잘 들었고 고요했다. 부자가 저자에게 정중히 물었다.

"불편하지 않으시다면 대기실 불을 꺼도 될까요?"

환한 대낮이라 전등을 켜나 마나 진료를 기다리는 데 불편하지 않았다. 저자는 기분 좋게 병원 대기실 전등을 껐고, 통찰을 얻었다. 부자는 자기 돈뿐만 아니라 타인의 돈도 아껴준다는 사실을 말이다.

내 득실을 떠나, 어떤 형태의 낭비도 눈 뜨고 못 본다는 진정한 부자의 세계! 인색한 줄로만 알았던 절약의 세계가, 사실은 이토록 친절한 세계라니. 낭비를 줄이는 건 너도나도 좋은 일이었다. 병원 전기 요금을 절약한 병원

장님도, 전기 사용량을 줄여 깨끗한 지구에서 살게 된 인류에게도 호혜롭구나! 절약의 세계가 우리 가족에서 타인, 더 나아가 지구로 확장되는 순간이었다.

그때부터 나는 절약을 통해 내 돈을 아끼는 것뿐만 아니라, 타인의 돈과 지구의 자원까지 아낌으로써 환경도 지킬 수 있다는 걸 알았다. 절약은 도덕적인 행위가 될 수 있다. 이후 백만장자의 꿈은 비록 허황될지언정, 백만장자가 되기 위한 노력만큼은 아름답게 느껴졌다. 절약은 나에게도 좋지만, 남모르게 남에게 베풀 수 있는 작은 힘이다. 너도나도 절약해서 부자가 된다면 이건 이기적인 일이 아니라 이타적인 일이다.

《이웃집 백만장자》는 다소 자극적인 제목과 달리 수수하고 실천 가능한 부자의 삶을 내게 알려주었다. 부자처럼 보이는 삶과 부자의 삶은 달랐다. 진짜 부자들은 1,000원 한 장, 만 원 한 장 우습게 보지 않고, 한푼 두푼 모으기 위해 갖가지 일들을 한다. 이웃집 백만장자들은 사실 우리 곁에서 구멍 난 양말을 기우고, 유행이 지난 옷을 입으며, 오래된 차를 끌면서, 불필요한 전등을 성실히 끄고 있었다. 버는 돈을 늘려 백만장자가 될 수도 있겠지만, 가진 돈을 아껴 대부호가 될 수도 있던 것이다.

나는 생리대값을 아껴보고자 면 생리대를 쓰기로 했다. 일회용 생리대는 한 장에 300원 남짓, 잘 때 입는 생리대는 한 장에 1,000원 남짓이다. 생리 한 번 할 때마다 만 원은 기본으로 드는 셈이다.

하지만 면 생리대는 다르다. 초기비용은 들지만 한 번 사면 반영구적으로 쓸 수 있기 때문이다. 미래의 대부호가 되려면 300원도 소중히 여겨야 하는 법. 안 하던 짓은 처음이 어렵지, 자꾸 하면 몰랐던 지평이 열린다. 백만장자의 자아가 나에게 묻는다.

"불편하지 않으시다면 면 생리대를 써도 될까요?"

그렇게 4년째 면 생리대를 쓰고 있다. 쓰기 전까지는 이런저런 이유로 고민했다. 한 달에 한 번 생리할 때마다 몸이 무겁고 처지는데, 면 생리대까지 세탁하면 힘들지 않을까? 외출할 때 번거롭지는 않을까? 착용감이 불편하면 어떡하지?

기우였다. 착용감은 면 속옷을 입을 때만큼이나 보드라웠다. 손세탁은 귀찮았지만 어렵지는 않았다. 약간의 비누칠과 헹굼 후, 대야에 온수를 받아 생리대를 담갔다.

그 위로 과탄산소다를 살짝 뿌려두면, 얼룩이 깨끗하게 지워졌다. 햇볕과 바람의 양을 가늠하며 축축한 생리대가 솜털처럼 마르기를 기다리는 시간이 좋았다.

매달 지출하던 일회용 생리대 비용도 꽤 절약할 수 있고, 조금 더 저렴하면서도 질 좋은 일회용 생리대를 찾아 인터넷을 뒤지던 수고로움도 없다. 통상적으로 면 생리대는 2~3년마다 교체해야 한다지만, 4년째 사용하는 데도 보풀이나 실밥이 없다.

백만장자의 떡잎 같은 마음으로, 한 장에 300원을 아끼기 위해 낯선 면 생리대의 세계에 발을 담갔다. 쓰고 버리면 그만인 일회용 생리대에 비해, 면 생리대는 사용할 때마다 세탁해서 뽀송하게 말려야 한다. 고단한 자기희생의 시간이 될까 두려웠으나, 고통스럽지는 않았다.

편하기로 따지면 역시 돈 만한 게 없을 텐데. 가끔 일회용 생리대를 쓰고 싶은 마음이 불쑥불쑥 찾아온다. 그럼에도 면 생리대 생활을 지속할 수 있었던 힘은 돈이 아니었다. 우리의 서식지, 지구에서 벌어지는 일에 대한 슬픔과 미래에 대한 희망 때문이었다.

플라스틱 위에 선 코끼리, 넝마를 뜯어 먹는 소, 비닐을 삼키는 거북이와 아기 새 입 속으로 작은 플라스틱 조각을 먹여주는 어미 새를 보고 나면, 가엾고 슬퍼서 한동안 허공을 쳐다본다. 몸을 움직이면 정신 사나워 도무지 생각을 할 수 없다. 전 세계 바다 곳곳에 둥둥 떠있는 쓰레기 섬들, 2050년 바닷속에는 물고기보다 플라스틱이 더 많을 거라는 참담한 예언까지, 마주한 현실에 슬프다.

일회용 생리대 한 장에는 비닐봉지 네 장에 해당하는 플라스틱이 들어있다. 일회용 생리대 한 장에 비닐봉지 네 장? 일회용 생리대의 파괴력에 한 번 놀라고, 면 생리대의 대단함에 두 번 놀랐다. 면 생리대를 쓰는 게 이 정도로 기특한 일일 줄이야. 일회용 생리대의 편리함에 홀라당 빠지기에는, 면 생리대를 쓰기만 해도 줄일 수 있는 쓰레기의 양이 어마어마했다.

일회용 생리대 1장 = 비닐봉지 4장

하루에 생리대 7장 = 7X4 = 비닐봉지 28장

한 달 생리 5일 = 28X5 = 비닐봉지 140장

면 생리대 사용 40개월 차 = 140X40 = 비닐봉지 5,600장!

면 생리대는 세탁에 들이는 수고로움에 비해, 아낄 수 있는 비닐봉지(플라스틱) 양이 한 달에 무려 140장인 가성

비 갑 제로 웨이스트다. 면 생리대를 쓸 때마다 2050년에도 여전히 물고기가 헤엄치고 산호가 살아 숨 쉬는 바다를 꿈꿨다.

이 기분 좋은 희망이 귀찮아도 생리대를 빨게 하는 진짜 힘이 되어주었다. 일회용 생리대를 쓰고 버리며 죄책감이 들던 때보다 꽤 괜찮은 미래에 작은 힘을 보탰다는 뿌듯함이 드는 요즘, 마음이 건강하다.

구멍 난 양말을 기우는 마음으로 한 달에 한 번 면 생리대를 꺼내 든다. 내 계좌의 건강은 지구의 건강과 연결되어 있다는 진실을 한 달에 한 번 마주하는 셈이다. 지구에 대한 마음은 작은 절약까지 지속하게 해준다.

만약 이 글을 읽고 계신 당신께서 밝은 낮에 켜진 불을 끄기 위해 스위치에 손을 대는 분이시라면, 언젠가 마음 속 백만장자의 자아가 말을 걸어올 것이다.

"불편하지 않으시다면 (내 돈, 네 돈, 지구의 자원 가리지 않고 소중히 여기는) 절약해도 괜찮을까요?"

기분 좋게 백만장자의 자아와 함께하시길!

커피 끊을 자신은 없지만
지구가 걱정된다면

모르는 게 약이라고 하더니, 알게 되어 곤란한 일이 생겼다. 커피를 마시지 않는 교수가 있다고 한다. 사정은 모르지만, 머리를 써서 밥 먹고 사는 사람이 커피를 마시지 않는다고 해서 신기하게 여겨졌다. 나는 내 일도 아니지만 '카페인이 잘 안 받는 사람도 있지'라며 속으로 위로를 건넸다. 내 주변에도 오전에 마신 커피 한 잔에 잠 못 드는 사람이 왕왕 있었으므로 아주 새삼스러운 일은 아니었다.

그 이야기를 깜빡 잊고 지내던 어느 날, 제로 웨이스트를 주제로 하는 책이 재미있어 보여서 읽다가 첫 장에서 공우석 교수를 발견했다. 커피를 마시지 않는 지리학자, 예전에 들었던 안타까운 사연의 그 사람이 맞았다. 그러나 공우석 교수가 커피를 마시지 않는 까닭은 나의 섣부른 안타까움과는 거리가 멀었다.

커피의 쓴맛이 싫어서도, 카페인 각성 상태가 몸에 부담을 주어서도 아니었다. 기후변화와 생물 다양성을 지키기 위하여 원래 무척 즐겨 마셨던 커피를 끊었다고 한다. 믿기 힘든 말이었다. 커피를 마시지 않는 사람이 있기는 하지만, 기후변화와 생물 다양성을 염려하여 커피를 마시지 않는 사람은 몹시 드물다.

설사 커피를 안 마신다고 할지라도 속마음을 입 밖으로 꺼내면 다른 사람이 당황할 수 있으니 갖은 오해를 피하기 위해서라도 침묵을 지키는 경우가 많을 것이다. 커피가 없으면 살 수 없는 나는 진심으로 궁금해서 공우석 교수의 의견을 천천히 읽어보았다.

공우석 교수는 커피가 자라는 적도 주변 열대 우림이 커피 농장으로 바뀌고 있다고 경고했다. 이미 세계 열대 우림의 절반 정도가 사라졌고, 현재도 매년 한반도 면적만큼의 열대 우림이 지도에서 지워지고 있었다. 파괴적인 현상의 근본 원인은 커피였다.

늘 바쁘고 지쳐서 각성 효과 없이는 일상을 버티기 힘든 현대인의 애호품인 커피. 지구인은 하루에 30억 잔에 가까운 커피를 마신다. 수요는 넘치고 커피 공급은 제한적이다. 커피 열매는 연평균 15~24℃에 속한 지역에서 자란다. 아라비카 같은 고급 품종일수록 고도가 높고, 일교차가 큰 곳에서 재배된다.

커피는 돈이 되는 작물이기에 커피 농사를 지으려는 사람은 꾸준히 있다. 하지만 지구 기온이 높아지면서 커피 재배가 가능한 지역이 줄어들고 있다. 그 결과 기존의 농장은 쓸모가 없어지고, 열대 우림을 개간해 커피 농장을 새로 차려야 하는 지경에 이르렀다. 공우석 교수는 커피 농사로 인해 생물의 종과 개체수가 급격히 감소하는 현실을 우려한다. 이것이 생태계 다양성을 지키고 싶은 지리학자가 커피를 마시지 않는 이유였다.

나는 지구에 흔적을 덜 남기는 삶을 실천해보고 싶어 전민진 저자의 인터뷰 모음집인 《줄이는 삶을 시작했습니다》라는 책을 구입했다. 그러나 큰마음 먹고 읽기 시작한 책의 첫머리에서 공우석 교수라는 '강적'을 만나버렸다. '커피가 뭐 어때서!' 자기 합리화를 하고 싶은 마음이 목젖까지 차올랐다. 나에게 커피는 단순한 기호식품 이상의 의미가 있다.

아침에 일어나면 물 한 잔을 마시고 습관적으로 커피 원두를 드르륵 간다. 잠이 덜 깨 비틀거리면서도 수동 그라인더의 손잡이를 돌린다. 드리퍼와 서버, 드립 포트는 10년 이상 사용한 나의 분신 같은 도구들이다. 지금은 눈을 감고도 조작이 가능하다. 아침에 한 잔 그리고 오후 4시에 다시 한 잔. 이보다 빠르면 카페인이 과한 느낌이 들고, 늦으면 자는 시간을 맞추기 힘들다.

고된 직장 생활의 빡빡한 스케줄을 맞출 수 있었던 것도, 육아하며 애들에게 짜증 내지 않고 적당한 활력을 갖출 수 있었던 것도 커피 덕이었다. 그다지 의미는 없었지만, 결혼식을 앞두고 수업료가 50만 원이 넘는 사설 학원에서 바리스타 자격증을 따기도 했다.

나는 넉넉히 담은 커피를 두 잔까지 마셔도 속이 쓰리지 않았고, 잠도 쿨쿨 잘 수 있었다. 그야말로 커피와 궁합이 잘 맞았다. 커피 전문가는 못 되어도, 커피 애호가라고는 제법 씩씩하게 밝힐 수 있었는데 이젠 그러기가 힘들게 되었다. 내가 커피를 사랑하면 할수록, 자주 마시면 마실수록 열대 우림이 줄어들게 된다는 현실을 알아버렸기 때문이다.

책을 안 읽은 것으로 치고 북북 찢어버릴 수도 없는 노릇이었다. 나는 책을 끝까지 다 읽을 동안 커피를 계속 마셨다. 십수 년간 지속해온 루틴을 단숨에 바꾸는 건 불가능에 가까웠다.

그러나 10일이 지나도록 머릿속에서 갈등이 끊이질 않았다. 감정적 대응을 자제하고, 이성적으로 접근해보기로 했다. 진실은 뚜렷했다. 아라비카 스페셜티 커피를 매일 마시는 일상이 지구 관점에서 평범한 라이프 스타일은 아닐 것이다. 내가 지구 단위에서 특권에 가까운 호사를 누리고 있다는 점을 인정할 수밖에 없었다.

커피 마니아, 커피 좀비가 되다

·

나는 단 한 달만이라도 커피를 줄여보겠다고 결심했다. 고기를 적게 먹겠다고 다짐한 이후 고기 섭취량이 절반 이상 감소한 뿌듯한 전례가 있었기 때문이다. 커피도 마찬가지 아닐까? 두 잔에서 한 잔으로 줄이는 것은 해볼 만한 시도라고 판단했다. 하지만 커피 끊기는 험난하고도 고통스러웠다.

첫날에는 커피를 한 잔도 마시지 않았다. 안개가 낀

것처럼 머리가 뿌옇고 집중이 잘되지 않았다. 빨래 널기, 청소기 돌리기와 같은 간단한 과업도 수첩에 적고 지워가며 해야 했다. 하루 종일 커피 생각이 났다. 저녁 무렵에는 머리가 아파왔다. 나는 담배를 피우지 않지만, 금연을 시도하는 끽연가의 심경이 이럴까 하고 추측해보았다.

나는 카페인에 중독된 것이 분명했다. 찬장에 오랫동안 방치되어 있던 루이보스 캐러멜 차를 마셔도 보았지만, 잠깐 진정될 뿐 몽롱하고 불쾌한 기분은 나아지지 않았다. 오기가 발동했다. 혀를 깨물어가며 커피를 참았다. 일주일을 불만 가득한 상태로 보냈다. 내가 이렇게 의존적이고 나약한 인간인가 싶어 자괴감이 들었다. 2주 차에 접어들 무렵에는 꿈에서 커피를 마시고 바보처럼 실실 웃기도 했다.

결국 나는 3주를 채우지 못하고 몸이 찌뿌둥한 어느 날 아침, 게걸스럽게 원두를 갈았다. 누가 말릴 새도 없이 물을 끓여 커피를 내리고 향을 맡았다. 묵힌 원두라 신선도가 떨어졌음에도 내게는 생명과 선한 인격을 부여하는 축복의 냄새였다. 잠시 눈을 감았다. 모든 것이 제자리로 돌아온 듯한 그리운 감정에 휩싸였다.

커피 좀비
란다...

커피가 온몸 구석구석에 스며들자 침체되어 있던 몸
과 영혼이 급속도로 말짱해졌다. 나는 더욱더 카페인 의
존도를 낮춰야겠다는 생각이 들었다. 인터넷에 손품을
팔아보니 작두콩차를 추천했다. 작두콩은 국내에서 재배
및 건조하므로 푸드마일(식료품 운송 거리)이 짧았다. 커피
처럼 재배 조건이 까다롭지도 않고 숲을 밀어 농장으로
개발할 정도로 수요가 넘치지도 않았다. 즉 환경적으로
안전했다.

작두콩차는 구수하고 부드러웠다. 작두콩의 효능을

전혀 알지 못한 채 마셨지만, 알레르기성 비염에도 효과가 있었다. 환절기마다 반복되는 재채기 횟수가 눈에 띄게 줄었다. 그러나 나는 눈에 띄게 의기소침해졌다. 내가 원한 것은 생기를 부여하는 커피지 비염 치료제가 아니었다. 카페인을 섭취하지 못하자 나는 자주 졸렸고, 무기력함을 느꼈다. 그렇다고 레드불이나 핫식스 같은 카페인 강화 음료를 마시고 싶지는 않았다. 나는 모든 종류의 인공 식품에 반감이 있다.

머릿속에 온갖 상념이 떠돌아다녔다. 생면부지인 공우석 교수에게 변명을 하고 싶었는지도 모른다.

'꾸준히 플로깅 다니며 쓰레기를 줍습니다. 4인 가족이 지방에 차 한 대로 살면서 가급적 걸어 다닙니다. 파타고니아나 팀버랜드 같은 친환경 정책을 가진 기업 제품을 적극 이용합니다. 그린피스와 서울환경연합에 정기적으로 기부도 하고 있습니다. 고기를 덜 먹고 텃밭에서 채소도 키웁니다. 그러니까 커피 정도는 편하게 즐겨도 되지 않을까요?'

집에 보관 중이던 아삼, 얼그레이, 다즐링 홍차 삼총사와 캐모마일, 로즈마리를 비롯한 모든 종류의 차를 돌려가며 마셨다. 덕분에 깜깜한 수납함에서 유통기한 날짜까지 침묵을 강요당했던 각종 차를 섭렵할 수 있었다. 기분 탓이겠지만 몸도 어딘가 개운해진 듯했다. 그러나 나는 작두콩차 한 상자를 다 비우지 못하고 커피로 돌아왔다. 커피 없이는 예선의 컨디션으로 하루를 충만하게 보내기가 힘들었다. 세상에는 개인의 사정에 따라 대체가 거의 불가능한 기호품도 있었다.

대신 예전과 똑같지는 않다. 하루에 두 잔 마시던 버릇은 한 잔으로 줄었다. 나는 한 잔의 커피가 환경에 미치는 영향을 최소화하는 방법을 찾아보았다. 공우석 교수는 커피 끊을 자신은 없지만 지구가 걱정되는 사람을 위해 4가지 커피를 제안했다. 바로 유기농 커피, 친조류 커피, 열대 우림 연합 인증 커피, 공정 무역 커피다.

시중의 다른 커피보다는 가격이 조금 비싸다. 그러나 지속 가능한 개발과 환경에 관심이 있는 소비자가 늘어나는 추세라 다양한 커피 제품을 취급하는 상점과 카페가 증가하고 있다. 나 또한 커피 원산지의 발전을 돕거나, 커피 산지와 직거래 형식으로 원재료를 들여오는 카페의 제품을 이용하는 편이다. 하루에 섭취하는 커피양이 줄었기에 예전에 비해 커피에 들이는 돈도 적어졌다.

요즘은 머그잔만큼의 커피를 반으로 나눠 오전과 오후에 마시고 있다. 감질나기는 하지만, 따뜻하게 내린 부드러운 커피를 홀짝이며 맛을 소중하게 음미한다. 미묘한 향의 흐름을 놓치지 않으려 숨을 천천히 코로 들이마시기도 한다. 내게는 정말로 귀중한 한 모금의 커피다. 어떤 제약이 있어야만 기쁨이 크게 다가오는 것인지도 모르겠다.

온실이 아닌 자연환경에서 커피를 재배할 수 있는 지역은 현재도 계속 줄어들고 있다. 어쩌면 30년 뒤에는 천연 커피가 귀한 사치품으로 분류되어 대중이 즐기지 못할 수도 있다. 나는 커피를 박물관 유리 전시실 안에서 마주하고 싶지 않다. 이것이 내가 요즘 커피를 한 잔만 마시면서 하는 생각이다.

이 브랜드 때문에

옷을 사지 않게 되었습니다

'이 재킷을 사지마세요.'

사지 말라면 더 사고 싶은 게 사람 심리다. 내가 아웃도어 의류 브랜드인 파타고니아Patagonia를 알게 된 건 2011년 블랙프라이데이 시즌에 내걸었던 광고 때문이었다. 무슨 후킹hooking을 해서 소비자를 우롱하려나 싶어 재미 삼아 사이트를 둘러보았는데 웃음이 뚝 그치고 말았다. 파타고니아 사람들은 제법 아니, 매우 진지하게 지구를 걱정하고 있었다.

회사 홈페이지에서 그동안의 칼럼이나 스토리를 읽

었다. 단순히 물건을 조금 더 팔려고 도발적인 광고를 내건 회사가 아니라는 것을 확인할 수 있었다. 오히려 사업은 수단일뿐 지구 보호가 목표라는, 다소 급직적이고 관심이 가는 이상한 업체였다.

매출의 1%를 환경 보호 단체에 후원하는 것은 물론 (여기까지는 기업 이미지를 위해 그럴 수 있다고 쳐도), 옷이 해지거나 찢어지면 무료로 수선해주는 서비스를 운영하고 있었다. 나는 문득 엄마가 구멍 난 카디건을 꿰매주던 옛 생각이 났다.

아끼는 옷일수록 꼼꼼하게 재봉하고, 고급 천을 덧대어 고쳐 입는 엄마의 모습을 보면서 소중한 물건을 관리하면서 사용하는 법을 배웠다. 우리 집에서 함께 사셨던 할머니도 질 좋은 천을 장롱에 보관하고 계시다가 수선할 때 쓰셨다.

파타고니아는 옷이 귀하던 시절 어른들의 라이프스타일을 대변하고 있었다. 나는 소비자들이 옷을 적게 사야 의류 산업 폐기물이 적다고 주장하는 회사가 좋았다. 제품의 내구성을 최우선으로 고려하는 까닭도 적게 사서 오래 입어야 한다는 창업주 철학의 연장선이었다.

신이 나야 할 블랙프라이데이에 다소 감상적인 상태

가 되어 파타고니아 제품을 한번 입어볼까 했으나, 조용히 인터넷 창을 닫았다. 당시 25살이었던 내가 선뜻 구입하기에는 높은 가격대였기 때문이다. 30대 중반에 들어선 지금에야 몇 년에 한 번씩 큰 마음먹고 지갑을 연다.

최근에 또다시 파타고니아 제품을 소장하고 싶은 강렬한 욕구가 일어났다. 파타고니아 창업주 이본 쉬나드가 약 4조 2,000억 원가량의 회사 지분을 비영리 환경 보호 단체에 넘겼기 때문이다. 문자 그대로 모든 주식을 싹 정리했다.

나는 파타고니아 제품이 많은 마니아가 아니다. 그럼에도 '지구가 우리의 유일한 주주입니다'를 실천하며, 봉제 공장의 노동자의 생활 임금 보장을 위해 공정 무역 제품을 생산하는 파타고니아는 결코 포기할 수 없는 브랜드다.

친환경 경영을 하는 것처럼 위장하는 그린 워싱greenwashing으로 매출을 높이려는 기업이 늘어나는 추세다. 그렇지만 회사에서 창출되는 재무적인 이익을 모두 환경을 보호하는 데 사용하는 기업은 찾아보기 힘들다.

파타고니아는 우리 가정의 소비 철학에 지대한 영향을 미쳤다. 요즘 나는 물건을 들일 때 신중하게 고민한다.

인공적인 방식으로 생산된 모든 물건은 최종적으로 쓰레기가 된다. 그렇기에 품질이 훌륭하고, 마음에 드는 물건을 소유해야만 오래도록 정을 붙이며 행복하게 살 수 있다.

우리 부부는 신중한 소비를 위하여 의류 예산을 소박하게 책정한다. 1년에 한 사람당 20만 원으로 상반기에 10만 원, 하반기에 10만 원이다. 속옷과 양말 같은 소모품을 포함한 금액이다. 처음부터 이렇게 살았던 것은 아니다. 의류 예산은 2018년부터 시작하여 올해로 5년째 이어지고 있다.

원래 우리 부부는 오히려 의류 쇼핑을 즐기는 부류에 가까웠다. 본디 과소비를 하지 않는 성향이라 명품을 두르거나 해외 직구를 싸게 하는 요령을 꿰고 있지는 않았다. 그래도 기분 전환 삼아 옷을 샀다. 옷은 오디오나 자동차처럼 큰 금액을 투입하지 않고도 여유를 부릴 수 있는 분야였다.

그러다 아이가 태어나면서 생활비가 빠듯해졌다. 돈이 없다고 옷을 안 살 수는 없는 노릇이었다. 두 살 터울로 둘째까지 태어나자 생활비를 아끼기 위해 패스트 패션을 애용했다. 감히 비싸서 엄두도 내지 못했던 유명 디자이너의 작품과 유사한 옷들이 콜라보레이션의 형태로 싼값에 나와있었다. 나는 '싸게 샀어, 어디서 이 돈 주고 이런 디자인을 얻겠어' 하며 정신없이 옷을 주워담았다.

물론 집에 와서 입어보면 주머니가 툭 뜯어지는 불상사가 심심치 않게 벌어졌지만 그러려니 했다. 패스트 패션은 어디 나가서 자랑할 만한 품질의 옷은 아니었지만, 합리적인 가격에 꽤 멀끔한 차림새를 연출할 수 있게 도와주었다.

집이 좁아 대형 행거로 버티던 시절이었는데도, 4인 가족의 옷이 계절별로 쌓여있었다. 결국 옷방은 창고로 전락하여 안 쓰는 물건을 박아두고 절대로 손님에게 공개하지 않는 지하 미궁이 되어버렸다. 가끔은 리빙 박스 바닥에 깔려있다가 3년 만에 발견되는 옷들도 나왔다.

음습한 구석에서 세상의 빛을 보지 못한 옷은 심각하게 구겨지고, 얼룩이 배어 입지 못하는 일도 다반사였다. 그래도 가슴이 아프거나, 안타까움에 잠을 설치는 일은 없었다. 어차피 싼 맛에 트렌디하게 사 입고 버려도 그만인 옷이 패스트 패션이었으니까.

의류 수거함에 안 입는 옷을 내놓을 때면 종종 파타고니아의 '이 재킷을 사지 마세요' 광고가 떠올랐다. 양심에

찔렸지만, 뾰족한 수는 없었다. 파타고니아 재킷 한 벌 살 돈이면 우리 부부가 두 계절은 쇼핑할 수 있는 액수였다. '좀 더 수입이 늘어나면', '내 집을 마련하고 나면' 같은 핑계를 대면서 쇼핑 줄이기를 미뤘다. 의류 쇼핑은 가난했던 신혼 시절의 몇 없는 오락행위에 가까웠기에 쉽게 놓지 못했다.

숨 돌릴 틈이 생긴 이제는 과거에 산 옷을 수선해서 오래 입는다. 1년 의류비 20만 원은 아껴두었다가 파타고니아 외투처럼 고가이지만 오래도록 걸칠 수 있는 제품을 사는 데 쓴다. 사실 진짜로 튼튼하고 좋은 옷은 값이 더 나가서 생일 용돈을 의류비에 보태기도 한다. 그래도 예전처럼 애매하게 저렴하고 조악한 옷 네 벌을 사는 것보다 만족도가 높다.

나는 파타고니아 같은 극소수의 기업을 제외하고는, 기업들이 자발적으로 재생 에너지나 친환경 생산 방식을 채택하리라고 기대하지 않는다. 기업은 이윤을 추구하는 존재다. 기업이 환경 가치를 실현하려면 비용이 발생한다. 기업은 이익의 감소를 싫어하므로 자발적으로 환경을 우선시하지 않는다.

그러나 만약 소비자들이 조금 더 돈을 들이더라도 환

경의 가치를 이해하는 기업의 제품과 서비스를 이용한다면 기업은 생존을 위해 변화할 수밖에 없다. 사람들이 땀 흘려 번 피 같은 돈으로 소비력을 행사하여 기업들을 '친환경'이라는 막다른 골목으로 몰아가기를 희망한다.

글을 쓰는 동안에도 지름신이 스멀스멀 강림하여, 파타고니아 신상 바람막이를 장바구니에 담았다가 결국 지웠다. 나에게는 이미 따뜻한 바람막이가 있다. '이 재킷을 사지 마세요.' 나는 파타고니아 광고가 시키는 대로 했다. 나중에 바람막이 섬유가 닳아서 못 입을 지경이 되면 다시 파타고니아 매장을 찾을 것이다. 하도 튼튼해서 교체 시기가 언제가 될지는 모르겠지만.

3

지구를 위한 다정한 마음

지렁이는 흙을 먹고 배설한다. 생존하기 위한 방식이지만, 지렁이의 배설물은 땅을 비옥하게 한다. 꿀벌이 꽃가루를 옮겨주듯, 어떤 행동들은 처음 의도와 달리 세상에 도움이 되는 방식으로 기여한다. 재테크를 위해 시작한 절약은 미니멀 라이프로, 미니멀 라이프는 친환경 생활로 이어졌다. 그리고 어느 순간, 통장의 숫자로 대체할 수 없는 뿌듯함과 보람, 기쁨을 맛보고 있었다. 정신적 건강은 우리 가족이 친환경 생활을 이어나갈 수 있게 하는 연료가 되어주었다.

"기다렸어요", 내 손에
박카스 주고 떠난 남자

등 뒤에서 누가 나를 불러 세웠다.

"잠시만요! 잠시만요!"

처음에는 나를 붙잡는 소리인 줄 모르고 갈 길을 가는
데, 어떤 분이 다급히 뛰어서 다가왔다.

"왠지 이쪽으로 오실 것 같아서 다시 지나가실 때를
기다렸어요."

그 분은 내 손에 박카스 한 병을 쥐여 주었다. 그리고 연이어 칭찬을 쏟아냈다.

"당신은 참 멋지고 좋은 사람이에요!"

연예인도 아닌데, 길에서 누군가에게 호의 담긴 선물을 받다니. 35년을 살았지만 전에는 겪어본 적 없던 일을 이상하게도 요즘 종종 겪는다. 수려한 외모를 위해 안티에이징 화장품과 각종 미용 시술이 넘치는 시대에, 나는 선크림만 대충 바른 반쯤 민낯으로 인생 최대의 매력을 뿜어내는 중이었다.

사실 낯선 이도 말을 걸게 하는 이 매력에는 비결이 있다. 인터넷 최저가로 2,400원 정도 하는 비장의 뉴 섹시 아이템 덕분이다. 그건 바로 알루미늄 집게! 집게라고? 고개를 갸웃하시겠지만, 맞다. 거리의 쓰레기를 주울 때 쓰는 길고 가벼운 그 집게 말이다.

한 손에는 알루미늄 집게, 다른 한 손에는 쓰레기봉투를 들고 길거리의 쓰레기를 줍다 보면 지나가던 사람들이 종종 말을 건다.

'고맙습니다. 멋지세요. 수고하십니다. 좋은 일 하시네요.'

뉴 섹시 아이템(알루미늄 집게)으로 산책 혹은 조깅을 하면서 쓰레기를 줍는 일, 그러니까 플로깅은 시대가 원하는 새로운 매력 행동이다. 플로깅을 하지 않을 때는 길을 가던 사람들이 나를 돌아보며 말을 건넨 적도, 건넬 일도 없다. 하지만 플로깅을 하면 갖가지 다정한 말을 들을 수 있다. 타인의 따뜻한 격려에 힘이 난 덕분에 다음에도 기분 좋게 플로깅을 할 수 있었다.

사실 내가 플로깅을 하며 받은 다양한 호의는 칭찬과 격려에 가까웠으니, 플로깅으로 연애 감정을 불러일으키는 건 아니다. 그럼에도 플로깅을 하는 이에게 우리는 대개 좋은 감정을 느낀다. 왜일까?

'그린 이즈 더 뉴 섹시green is the new sexy', 2021년 한 연구 결과에서 친환경 행동을 하는 사람이 그렇지 않은 사람에 비해 더 섹시해 보인다고 한다. 친환경 행동은 소스타인 베블런이 주장했던 '과시적 소비'의 맥을 잇는 '값비싼 신호' 중 하나다. 즉, 우리가 어떤 사람인지 다른 사람에게 어필하는 거다. 그래서 전 지구적으로 기후위기에 대응하는 이 시대에, 친환경 행동을 하는 사람들은 사회적으로 더 호감을 받는다고 한다.

> 친환경 행동을 하는 사람은 공공의 자원을 보호하기 위해 눈앞의 이
> 득을 포기하고 협력할 준비가 되어 있음을 다른 모든 이에게 과시하
> 는 셈이다. 타인과 협력하는 능력 또는 사회성이야말로 사람을 진짜
> 로 더 섹시하게 하며 배우자로서의 매력을 더해준다. 그렇기에 우리
> 는 친환경 행동을 하는 사람에게 끌리게 된다.
>
> — 《지구를 위하는 마음》, 김명철 지음, 유영, 2022년

트렌치코트를 업사이클링upcycling(upgrade와 recycling의 합성어로, 부산물이나 폐기물을 활용해 새롭게 디자인하거나 만든 제품)한 옷을 입은 그레타 툰베리가 패션 잡지 《보그 Vogue》의 표지를 괜히 장식했겠는가. 이제 우리는 누군가 중고 옷을 입었을 때 그 옷을 남이 입던 값싼 옷으로 대하지 않는다. 오히려 입는 사람의 가치관이 예쁘게 느껴지고 호감이 저절로 생긴다.

자본이 귀한 시대에는 명품이 섹시, 자연이 귀한 시대에는 그린이 섹시! 바야흐로 친환경 행동을 하는 사람이, 명품 옷을 입은 사람만큼이나 섹시해 보이는 시대가 온 거다. 자연이 귀한 시대라 그런 걸까? 시대의 흐름에 발

맞춰 내가 살아가는 방식 또한 조금씩 달라졌다.

자연이 귀한 줄은 몰랐지만, 돈이 귀한 줄은 알았던 과거의 나는 종잣돈을 모으는 재테크인으로서 살아가고 있었다. 푼돈 모아 목돈을 마련하기 위해 소비를 절제했다. 절약은 뭐든 아낀다는 점에서 친환경 생활과 닮아있었다.

여름에는 에어컨을 끄고, 겨울에는 보일러를 껐다. 연료비도 아끼고 화석연료 사용도 줄일 수 있었다. 배달 음식을 시켜 먹을까 말까 고민될 때 10번 중 9번은 집밥을 먹었다. 일회용 플라스틱은 덜 배출했다. 작년 여름에는 2만 3,900원으로 중고 옷을 마련해, 의류생산과 폐기로 인한 환경오염을 막았다.

Green is the new sexy! 내가 느끼기에도 친환경 생활은 매력적이다. 명품을 살 수 있다는 기대감 때문이 아니라, 인류의 서식지를 위해 내가 뭔가를 할 수 있다는 효능감 덕분에 절약이 더 즐거워지는 요소가 있다.

우리 가족에게 직접적인 경제적 이득은 없었지만, 지난 시간을 돌아보면 어느새 지구와 연결되어 있다는 기분이 든다. 통장의 숫자로 대체할 수 없는 종류의 가슴 뿌듯한 순간들도 여럿 있었다.

어느 순간 나는 알루미늄 집게를 들고 쓰레기를 줍기 위해 내가 좋아하는 호수로, 숲으로, 바다로, 공원으로 나서기 시작했다. 일상에서의 절제만으로는 지구에 미치는 해를 줄이는 데 한계가 있다. 하지만 플로깅은 원하는 만큼 지구에 추가로 도움을 보탤 수 있다.

플로깅을 하며 찍었던 사진을 시간 순서대로 놓고 세어보았다. 작년 한 해 동안 종량제 봉투 500L만큼의 쓰레기를 주웠다. 쓰레기를 줍는 동안 음료수도 받고, 알사탕도 얻고, 칭찬도 듬뿍 들었다.

플로깅을 하면서 나는 나를 많이 칭찬해주었다. 내가 생각해도 토요일 아침 7시, 화살나무 사이에 구겨진 채로 버려진 홍삼 스틱을 줍는 나는 꽤 괜찮은 사람이었다. 이런 기분으로 주변을 둘러보면 온 세상이 빛난다.

금빛의 아침 볕도 예쁘고, 공기도 왠지 모르게 맑고 투명하다. 신상 핸드백을 샀다고 자랑하면 때때로 흠결이 되지만, 길에서 주은 담배꽁초와 마이쮸 껍데기는 마음껏 자랑해도 사람들이 대견하게 봐 준다.

세상에도 좋고, 나에게도 좋으니 플로깅을 하지 않을 까닭이 없다. 나는 오늘도 2,400원짜리 섹시 아이템을 들고 집을 나선다. 플로깅 만세!

봉사활동을
고민하는 이들에게

어렸을 때부터 혼자만 간직하고 있던 생각이 있다. 나는 부모님이 산을 좋아하셔서 자주 따라다녔는데, 산에서 만난 나무들이 꼭 사람처럼 느껴졌다. 소나무 줄기의 주름진 외 껍질은 할머니, 할아버지의 얼굴 같았다. 꼭 진짜 사람처럼 정겨웠다. 우리 집은 작은 꽃집을 운영했기에 항상 매장 안에는 꽃과 나무가 있었다. 그 때문인지 식물이 낯설지 않고 나와 근원적으로 연결된 존재라고 생각하고 있었다.

그러던 어느 날 칼 세이건이 쓴《코스모스》를 읽다 말고 자리에서 벌떡 일어나고 말았다. 지구와 지구에 존재

하는 모든 존재는 우주에서 생성된 원자로 이루어져 있다는 설명에 온몸의 털이 쭈뼛쭈뼛 섰다. 내 느낌이 사실이었다. 나무와 나를 구성하는 물질은 별에서 만들어진 재료라는 점에서 같다. 내가 가야산의 참나무 군락에서 친절하고 굳건한 삼촌들 사이에 있는 기분을 느꼈던 것은 결코 우연이 아니었다.

나무가 자라고 있는 곳이면 어딘지 모르게 마음이 편안해진다. 투명한 바람이 불어오는 바닷가 소나무 숲이 아니더라도 괜찮다. 어린이 놀이터 주변에서 자라는 몇 그루의 소나무라도 한숨 돌리기에는 충분하다. 나무는 내게 쉬고 있다는 느낌을 선사한다. 그래서일까 나무를 보면 지켜주고 싶다.

나무 주변에 쓰레기가 있으면 눈살이 찌푸려진다. 나무에는 아주 일부분 일지라도 과거에 살았던 사람과 동식물의 흔적이 담겨있다. 나도, 당신도 미래의 언젠가는 어떤 행성의 이름 모를 나무의 일부가 될지도 모른다. 그런 맥락에서 우리는 과거의 연장이며, 미래를 암시한다.

쓰레기를 줍다 보면 거대한 생태계와 연결되어 있다는 느낌을 강하게 받는다. 일종의 명상에 빠져드는 것과 같다. 어떤 사람은 스쿠버 다이빙을 하면서 바다 아래에 버려진 어구를 줍고, 스노클링을 하면서 망가진 부표를 모아오는 사람도 있다.

전민진 저자의 《줄이는 삶을 시작했습니다》라는 책에서 다양한 방식으로 쓰레기를 줍는 사람을 인터뷰한 글을 읽었는데, 다들 나와 생각이 비슷해서 깜짝 놀랐다. 핵심은 모든 생태계가 연결되어 있다는 감각, 그리고 현재가 미래에 영향을 미치므로 자연을 깨끗하게 지켜야 한다는 생각이었다.

나는 우리 집 아이들과 종종 쓰레기를 줍는다. 아이들이 어리기에 절대 무리하지는 않고, 준비물도 단출하다. 쓰레기봉투와 장갑만 있으면 된다. 이번에는 차로 10분 거리의 주택가 놀이터에 원정 플로깅을 갔다. 우리 동네에도 놀이터가 여럿 있지만, 아이들이 그 놀이터를 콕 집었다.

등산 동호회원이 대한민국 100대 명산을 탐방하는 심리가 있듯이 아이들도 안 가본 놀이터를 그냥 지나치지 못하는 모양이었다. 나는 속으로 쾌재를 불렀다. 붐비지 않고 조용한 곳에 가고 싶었다. 이건 어디까지나 개인적인 취향이지만, 같은 플로깅이라고 해도 왠지 관광지는 후순위로 미루게 된다. 유별나 보인다고 할까, 어떤 선명

한 의도를 가지고 정치적으로 홍보하는 사람처럼 여겨지는 시선이 부담스럽다. 어디까지나 내 성격 탓이지만 나는 사람들이 적은 곳이 더 좋다.

우리가 놀이터 공원에 도착했을 무렵, 반대쪽 입구에 계신 아저씨 세 분이 공원과 도로의 경계에서 담배를 피우며 이야기를 나누고 있었다. 공원 주변에는 돼지 갈빗집, 중화요리, 칼국수 전문점 등 식당이 많았다. 그래서인지 식후에 담배를 피우는 사람을 심심찮게 볼 수 있었다 (아니, 여긴 금연 어린이 공원인 것을!).

놀이터에서 입구까지는 거리가 있고, 바람도 놀이터 방향으로 불지 않아서 크게 신경 쓰이지는 않았다. 나는 주머니에서 종량제 봉투와 장갑을 꺼냈다. 부스럭부스럭, 특유의 구겨진 비닐 소리가 났다. 담배 피우던 아저씨들이 나를 쳐다보았다. 동네 놀이터에서 다짜고짜 쓰레기를 줍는 사람이 일반적으로 보이지는 않았을 것이다. 나는 일부러 눈을 마주치지 않고 태연히 장갑을 꼈다. 아내와 나는 아이들 노는 모습을 수시로 확인하면서 놀이터 주변에 떨어진 쓰레기를 주웠다.

아저씨들이 당황하는 것이 느껴졌다. 그들의 말수가 급격히 줄어든 것이다. (어디까지나 내 추측이지만) 처음에는 '어, 어, 이거 뭐야' 하면서 경계하다가, 나중에는 '진짜 쓰레기 줍는 거야?' 하면서 땀을 삐질삐질 흘리는 것 같았다. 아직 담배도 다 안 탄 것 같았는데, 아저씨들은 급기야 자리를 옮겨 100m 떨어진 곳으로 물러났다.

아무래도 쓰레기봉투를 들고 돌아다니는 사람들 앞에서 담배꽁초를 버리기가 난감한 모양이었다. 물론, 휴대용 재떨이를 지참하고 있을 가능성을 배제할 수 없지만 지금껏 그런 흡연자는 거의 보지 못했다.

공원에는 구석구석 쓰레기가 참 많았다. 끈이 떨어진 마스크, 커피가 남아있는 알루미늄 캔, 바람 불면 귀신처럼 날아다니는 비닐봉지⋯⋯, 마치 실력 없는 예술가가 폐품을 이용한 작품을 만들다가 성이 나서 발로 차버린 것 같았다.

쓰레기 줍기는 빨리 끝났다. 10L 봉투를 꼼꼼히 채우는 데 걸린 시간은 20분. 만일 철쭉 나뭇가지 사이에 낀 초콜릿 과자 껍데기를 빼내느라 낑낑거리지 않았다면 15분이면 충분했을 것이다. 시선을 멀리 보내면 군데군데 못 다 처리한 쓰레기가 눈에 띄지만 그냥 내버려두었다.

오늘 할 몫은 충분히 했으므로 지칠 정도로 하지는 않

았다. 남은 시간은 아이들과 함께 달리거나 걸으면서 놀았다. 이것이 '별 거 아니네?'라고 말할 수 있는 우리 가족의 참 쉬운 플로깅이다.

지속 가능한 플로깅을 위하여

•

열정 가득한 사람은 50L짜리 봉투를 들고 동네 쓰레기를 다 치워도 좋다. 하지만 나는 아마추어 정신으로 쉽게 만족하는 사람이고, 아마추어답게 10~20L 사이즈로 반복해서 실행에 옮긴다. 어차피 쓰레기는 내가 죽기 전까지 무한 생산될 것이므로 플로깅이 지겹다는 생각이 들지 않아야 한다고 생각한다.

우리 가족이 일명 '쓰담 산책'을 하는 이유는 단지 '쓰'레기를 주워 '담'아 환경을 지키는 것에 한정되지 않는다. 자녀 교육과 소비 생활 점검에도 도움이 된다. 자녀와 함께 쓰레기를 줍다 보면 절로 봉사 정신을 기를 수 있다. 나는 직업이 교사라 가끔 "어떻게 하면 아이에게 유의미한 봉사활동 경험을 하게 할 수 있을까요?" 등의 질문을 받는다.

나는 학부모님께 이런저런 정보를 알려드리지만, 속

마음은 '플로깅'을 더 권한다. 꼭 별도의 기관에 가서 증서를 받아오는 활동만 의미 있는 것은 아니다. 생활 속에서 자연스럽게 주변을 깨끗이 하면서 이웃과 안면도 트고, 인사도 나누면 좋지 않을까? 나는 그러한 방식을 선호한다.

입시나 기타 이유로 공식적인 기록을 남기고 싶다면 별도의 일지를 작성하거나 블로그를 운영해서 간접적으로 어필하면 될 것이다(단발성 인증서 한 장보다 오히려 더 진정성이 느껴질 수도 있다).

봄이 되어 나들이 가기 좋은 날씨가 이어지고 있다. 속초 영랑호를 한 바퀴 돌아도 좋을 것이고, 추암 해변을 거닐어도 그만일 것이다. 얼마 전에는 웬 (20대 초반으로 추정되는) 젊은 청년 둘이 강변에서 쓰레기를 줍는 모습을 보았다. 무슨 환경단체 조끼를 입은 것도 아니고, 단정한 평상복 차림으로 다니는 걸로 봐서는 취미로 플로깅을 하는 부류에 속하는 것 같았다.

맨손이었기 때문에 돕지는 못했지만, 우연히 눈이 마주쳤을 때 응원의 의미로 고개를 살짝 숙였다. 그분들도 같이 고개를 숙여주었다. '당신들은 젊고, 날은 따뜻하고, 바야흐로 봄인데 차분히 쓰레기를 줍는구나' 하고 참으로 묘한 감정에 휩싸였다. 동네에서 플로깅을 하는 다른 사람을 마주한 건 처음이었다. 두 사람이 쓰레기를 줍고 간 덕택인지 산책로가 말끔하니 아주 기분이 좋았다.

혹시 주말에 바람 쐴 계획이 있다면 20L짜리 종량제 봉투와 장갑을 챙겨보는 건 어떨까? 약속하건대, 20L 봉투를 채우는 데 아무리 오래 걸려도 30분이 넘지 않을 것이다.

쓰레기는 어디를 가도 넘치니, 쉬엄쉬엄 합시다. 너무 힘들면 지치니까 말이다.

관광지에서 쓰레기를
주우면 벌어지는 일

언제부터인가 일회용품을 쓰면 가벼운 죄책감이 들었다. 무한 반복되는 변주곡처럼 세계 곳곳에서 산불과 홍수가 일어났다는 뉴스를 접한 탓인지도 모르겠다. 내가 접하는 정보에 따르면 지구는 명백히 멸망하고 있는 중이었다. 인간과 시간 단위가 다른 탓에 지구의 멸망은 인간이 체감하기에 심각하지 않은 것처럼 다가올지 모르나 '인류가 살아가기에 적합한 지구 환경'은 급속도로 망가지고 있다. 나는 사막에서 바짝 마른 소뼈가 등장하는 장면 같은 것을 보고 있으면 깊이 울적해진다.

친구들은 그것이 '기후 우울감'이라고 알려주었다. 나

는 우울감을 떨쳐내기 위해 환경적으로 의식 있는 사람인 척 행동했다. 기계적으로 햇볕을 쬐고, 산책을 하면 기분이 좋아지는 것처럼 친환경 행동은 기후 우울감을 해소하는 데 도움이 되었다. 그러나 나는 요사이 슬럼프를 겪고 있다.

2017년쯤만 해도 텀블러를 챙겨 카페에 가거나 다회용 장바구니를 들고 다니면 꽤 뿌듯했다. 실행 횟수가 적어도, 어쩌다 사정이 허락할 때만 실천해도 멋지다는 소리를 들었다. 소위 개념 있는 사람이 된 양 어깨가 올라갔다. 보상을 바라고 한 행동은 아니었지만, 외부에서 주어지는 긍정적 반응은 어느덧 보상으로 작용하게 되었다. 그러나 근래의 나는 느슨해졌다.

편의점에 캔 맥주를 사러 갔다가 식탁에 에코백을 두고 온 걸 알았다. 휴대폰을 충전기에서 뺀다는 게 에코백을 두고 휴대폰만 챙긴 것이다. 1년 전이었다면 계산을 포기하고 집에 가는 선택을 했겠지만, 그냥 어정쩡한 자세로 비닐봉지를 받았다. 부주의를 탓하며, 다음에는 꼭 가방을 확인해야겠다는 다짐과 함께 편의점을 나서는데 어쩐지 뒷맛이 개운하지 않았다.

언제 이렇게 긴장이 풀려버린 걸까, 자책하면서도 집

으로 돌아오는 내내 자기 합리화에 가까운 생각이 자꾸 들었다.

'어떻게 사람이 매 순간 완벽해? 살다 보면 적당히 타협하는 거지.'

나는 내가 그런 생각을 했다는 사실에 깜짝 놀라 비닐봉지를 지금이라도 돌려주고 싶은 충동을 느꼈다. 하지만 야간 근무에 지친 알바생을 귀찮게 하는 진상 손님이 되고 싶지 않아 그만두었다.

최근 내가 의기소침해진 배경에는 역설적이게도 높아진 환경 의식 탓도 있다. 이제 카페에서 텀블러에 커피를 받는 모습이 흔하다. 매장 내에서 일회용품 사용이 금지되었으며, 텀블러 사용자에게는 커피값을 깎아주기도 한다. 대기 오염이 싫어서 디젤 차량을 선택하지 않는 사람도 늘어났다. 전기차도 길에서 쉽게 찾아볼 수 있다. 소수자의 음식으로 여겨지던 비건 식품과 대체육 제품도 중형급 이상 마트에 당당히 입점해 있다.

SNS에서는 한층 더 놀라운 소식을 접할 수 있다. 어떤 이는 매일 플라스틱 배출 기록을 남긴다. 휴지 사용량을 줄이려 손수건을 빨아 쓰고, 스테인리스 빨대를 휴대하여 일회용 빨대를 완벽히 대체한다.

주말마다 철새 도래지를 방문해 쓰레기를 줍고, 속초 영랑호 개발을 반대하는 메시지를 꾸준히 전파하는 사람도 있다. 그린은 대세가 되어버렸다. 세상이 짧은 시간 사이에 변화한 것이다. 인스타그램 속 환경 슈퍼맨들은 결코 절망하지 않고, 안주하지 않는 것처럼 보인다.

박수를 치며 환호해야 할 일이지만, 이런 게시물을 볼 때 안일한 감정이 올라온다. 상과 벌에 의존하는 어린애 같은 심리가 도지는 것이다. '이제 나의 실천 정도로 칭찬받던 시절은 다 끝났어. 잘 되었지, 뭐. 세상이 바뀌고 있으니 적당히 살아도 괜찮을 거야'하고 유치한 생각이 든다. 이것도 기후 우울감의 일종일지도 모른다.

다행히 평정심을 회복하고 나면 고향으로 회귀하는 연어처럼 참회의 시간이 시작된다. 멍청이 같은 생각은 하면 안 되는 것이라고 나를 타이른다. 다른 사람이 100만큼의 환경 보호를 한다고 해서 나의 실천 10이 쓸모없는 것은 아니다. 그냥 내가 아직 수준이 낮은 상태임을 쿨하게 받아들여야 한다. 경험치를 쌓아 레벨 업 한다는 즐거운 마음으로 다음 실천을 하면 되는 것이다. 나는 기분 전환을 위해 사람이 많은 곳에 가서 쓰레기를 줍기로 했다.

우리 가족은 동해시 묵호항을 찾았다. 최근 도째비골 근처에 해랑 전망대와 스카이밸리가 들어서면서 뜨고 있는 곳이다. 역시나 우리가 찾은 시간에도 행락객들로 북직였다. 이번 쓰레기 줍기는 특별했다. 드디어 어른용 두 개, 아이용 두 개, 전용 집게를 마련한 것이다.

지금까지는 일회용 비닐장갑을 썼다. 그러나 손에 땀이 차기도 하고, 아파트 모델하우스를 구경하러 갔다가 사은품으로 받은 비닐장갑이 다 떨어지기도 해서 큰맘 먹고 집게를 구입했다. 오늘의 목표량은 10L 쓰레기봉투 두 장이었다. 사람이 미어터지는 관광지에서 어린아이들을 동반하고 대용량 봉투를 채우는 것은 무리라고 판단해서 정한 목표량이었다.

먼바다까지 눈에 잘 들어오는 눈부시게 맑은 날. 방파제 둑 바로 옆에 서 있으니 푸른 파도가 넘실거려 잊을 만하면 얼굴에 물방울이 튀었다. 추운 겨울날 이상적으로 그려보는 바닷가 풍경에 가까운 날씨였다. 그러나 멋진 풍경과 별개로 쓰레기를 치워야 하는 사람에게는 행복한 장소가 아니었다.

곳곳에 쓰레기통이 있음에도 불구하고 음료가 남아 있는 일회용 컵이 줄줄이 놓여있었다. 난간은 쓰레기 음료 전시장을 방불케 했다. 담배꽁초를 토핑으로 얹은 것부터 얼음이 절반도 녹지 않은 방금 버려진 컵까지, 온갖 더러움이 산재해있었다. 나는 비위가 상해서 누가 부탁한다고 해도 도저히 못할 짓 같았지만, 이 세상에는 다양한 가치관과 강인한 비위를 갖춘 사람이 존재했다.

액체가 찰랑거리는 일회용 컵은 뒤처리가 몹시 난감했다. 봉투에 바로 담을 수 없기 때문이다. 손을 지저분하게 하지 않으려 집게를 샀건만 소용없었다. 집게는 플라스틱 컵 뚜껑을 분리하는 데 적절한 도구가 아니었다.

결국 손을 사용하고 말았다. 정체불명의 시커먼 액체가 손등에 튀어 올라 고약한 냄새를 풍겼다. 오늘 세탁한 데님 셔츠에도 튀었다. 아침에 입을 때 뽀송뽀송하게 잘 말라서 기분 좋은 냄새가 나는 옷이었다. 순간 아드레날린이 가슴 깊은 곳에서 간헐천처럼 분출되었고, '후, 하, 후, 하' 심호흡을 했다.

나는 손등에 묻은 불쾌한 액체를 애써 웃으며 닦았다. 우리 가족이 집게로 쓰레기를 줍는 동안 바로 옆에 있던 흡연자는 꽁초를 바닥에 버리고 유유히 자리를 떴다. 그가 있던 자리와 쓰레기통 사이의 거리는 불과 10m에 지나지 않았다. 담배꽁초를 버리며 가래를 뱉는 아저씨의 엉덩이를 뻥 차주고 싶기도 했다. 플로깅은 산책처럼 상쾌한 활동 같지만 실상은 멘탈 유지 게임에 가깝다.

갈매기가 머리 위를 어지러이 돌아다니는 사이 쓰레기봉투가 가득 찼다. 갈매기를 뒤쫓아 다니는 아이들을 돌보랴, 행인과 부딪치지 않으려 어깨를 피하랴 정신이 없었다. 그래도 시간을 따로 재어보지는 않았지만, 한 시간이 채 걸리지 않았다. 쓰레기를 줍기만 했다면 더 빨리 끝낼 수도 있었지만, 일회용 컵의 내용물을 비우고 뚜껑을 분리하느라 시간이 더 소요되었다.

쓰레기 줍기에 동행한 아이들은 손이 아프다고 했다. 젓가락질도 못 하는 5살에게 집게는 다소 무리였나보다. 정교하게 집게질을 하려면 손 근육이 뻐근할 것이다. 그러나 쓰레기 줍기는 조기 교육 관점에서 보면 매우 자연스러운 현상이다. 국영수만 미리 시킬 것이 아니라, 분리수거나 쓰레기통에 정확하게 쓰레기 버리기 같은 행동도 미리 가르칠 필요가 있지 않을까?

초등학교 교사 부부인 우리가 보기에, 환경 감수성은 오염이 확실한 미래 지구 환경에 필수적인 자질이 될 것이다. 그래서 나는 아이들에게 집게를 쥐어주면서 하나도 미안하지가 않다.

쓰레기를 주우며 나는 희망과 분노, 기쁨과 실망을 동시에 맛본다. 깨끗해진 거리에 웃고, 금방 다시 더러워지는 거리 때문에 운다. 그래도 보도블록 사이에 낀 핫도그 막대 빼내기에 성공하면 기뻐서 집게를 앞뒤로 흔든다. 아직은 좋아서 쓰레기를 줍고 있다.

크리스마스에는
　　　가족과 함께 '쓰담 산책'

성탄절에 무언가 좋은 일을 하고 싶다고 생각하게 된 건 어른이 된 이후부터다. 무신론자인 나에게 성탄절은 어릴 적에는 선물을, 커서는 공휴일로서 휴식을 제공해주었다.

내가 살아있는 한 신앙의 여부와 상관없이 크리스마스라는 혜택은 계속될 것이다. 그런데 사람이 받기만 하면 작은 무언가라도 돌려주고 싶은 마음이 생기는 것이 인지상정이다. 언젠가부터 성탄절에는 작더라도 세상에 보탬이 되는 일을 해보자는 소망이 자리 잡기 시작했다.

이번에는 쓰레기봉투를 들었다. 우리 가족이 좋아하

는 산책을 하는 김에 쓰레기를 주워 오자는 소박한 취지였다. 우리 집에는 10L, 20L 이렇게 두 종류의 쓰레기봉투가 있다. 처음에는 10L짜리를 뽑았다가 네 식구가 함께 사용하기에는 너무 빈약한 크기 같아서 20L로 바꿔 들었다.

잘 정비된 산책길인 만큼 쓰레기가 얼마나 있겠냐, 그래도 쓰레기봉투 용량이 간당간당한 것보다 여유가 있는 편이 낫지 않겠는가? 하면서 안일한 생각을 품었다. 그러나 아파트에서 나와 거리로 들어서는 순간 후회가 밀려왔다.

"아빠 여기 쓰레기야!"
"담배꽁초!"

쓰레기 탐지 및 경보 역할을 맡은 두 딸내미의 새된 목소리가 쉴새 없이 울렸다. 5걸음을 조용히 내딛기 힘든 지경이었다. 평소에는 몰랐다. 이 땅에 쓰레기가 얼마나 많은지. 아니, 보고도 그냥 지나쳤다는 표현이 정확할 것이다. 작은 비닐 포장지부터 건설 폐기물까지 사방천지에 쓰레기가 널려있었다. 이대로 가다가는 산책로에 도달하기도 전에 미션이 끝날 것 같았다. 제 팔목만 한 철근을 집어 드는 아이를 겨우 달래가며 전천강 변에 도착했다.

문명 세계를 가득 채우는 자동차와 건물이 시야에서 사라지자 한결 스트레스가 누그러졌다. 환경미화원은 항상 이런 기분일까? 도시에 가면 도저히 끝날 것 같지 않은 쓰레기 파도가 밀려오고, 사람이 드문 자연에 와서야 안식을 찾는 패턴. 우레탄이 깔린 산책로는 깨끗했다. 운동하러 오는 사람이 딱히 길 위에서 쓰레기를 만들 일은 많이 없을 테니 당연한 결과일지도 모른다. 그러나 돌 징검다리 부근에서 실망스러운 광경을 목격하고 말았다.

갈대숲과 돌다리가 만나는 지점에, 다시 말해 음습하고 남의 눈에 잘 띄지 않는 땅에 쓰레기가 모여있었다. 여름이었다면 발견하지 못했을 쓰레기다. 강수량이 많은 시기에는 물이 거세게 흐르므로 바다로 흘러가 버리거나, 무거운 쓰레기는 수면 아래에 숨어있을 것이기 때문이다. 그러나 성탄절 무렵은 비가 적게 내리기도 하고, 다음 해 봄 가뭄을 대비해 상류 댐의 수문을 닫아버리므로 강바닥이 드러난다.

우리 가족은 우레탄 산책로를 벗어나 흙먼지가 풀풀

날리는 강바닥으로 내려갔다. 4분의 1쯤 분해되어 삭은 비닐봉지가 여기저기 박혀있었다. 미세 플라스틱이 저런 식으로 바다를 향해 흘러갔을 것이다. 우리는 생수 페트병과 카페 테이크아웃 컵도 부지런히 담았다. 인근 논과 밭에서 나온 듯한 비료 포대도 여럿, 눈에 띄었다.

강으로 내려간 지 10분도 되지 않아 20L 쓰레기봉투가 가득 찼다. 사람은 무서울 정도로 사회적인 동물이다. 공공장소인 산책로에서는 점잔 빼는 사람들이, 외부의 시선이 닿지 않는 곳에서는 쓰레기를 집어던진다. 혹은 장마철 불어난 강물에 휩쓸려 내려온 쓰레기가 사람의 손길이 닿지 않는 곳에서 수거되기만을 기다린다.

더는 쓰레기를 담을 수 없어 손에 쥔 채 강바닥을 빠져나왔다. 큰아이가 과자 봉지를 발견하여 쓰레기봉투에 쑤셔 넣다가 딱딱한 비료 포장지를 눌렀는지 봉투가 죽 찢어졌다. 10cm 정도 되는 긴 상처처럼 보였다. 아내는 쓰레기봉투가 터지지 않도록 조심조심 아기를 안듯이 들고 걸었다. 반면, 쓰레기 박멸에 재미를 들린 아이들은 끊임없이 어디선가에서 새로운 쓰레기를 모아왔다. 결국 왜 쓰레기를 보고도 지나치냐는 핀잔을 들어가며 귀가했다.

크리스마스에 쓰레기를 줍는 이벤트는 꽤 즐겁지만, 즐거움에 비례하여 찝찝함이라는 대가를 치러야 한다. 절대로 처음에 설정한 목표량보다 적은 양의 쓰레기를 주울 수 없다. 쓰레기봉투가 아무리 크더라도 끝끝내 그걸 예상보다 빠른 시간 안에 채울 수 있고, 최종적으로는 다른 쓰레기를 내버려두고 와야 한다. 그 찝찝함은 내가 지구에 좋은 일을 했다는 자기 위안적 만족감을 능가한다.

인류가 존속하는 한 결코 이 쓰레기들을 다 치워버릴 수 없을 거라는 절망감, 그리고 그 쓰레기 생산자 중 한 명이 바로 나라는 사실이 크리스마스의 기쁨을 어둡게 장식한다. 1년 내내 쓰레기를 만들기만 했으니, 하루쯤은 쓰레기를 주워도 좋을 것 같다.

크리스마스에는 축복을, 내년에는 50L짜리다.

아이스크림 가게에서
용기를 냈더니……, 동공지진

코로나가 한창이던 시기, 나는 용기를 내려 노력하는 날
들을 보냈다. 갑작스레 세상에 덮친 바이러스로 몇 달째
외식도 못 하고, 아이들과 집에 콕 박혀있기 때문만은 아
니다. 삼시 세끼 집밥만 해 먹고 살 수는 없어서 외부 음
식을 애용했다. 그러나 외부 음식 이용에도 원칙이 있다.
배달을 시키지 않고, 일회용 포장을 하지 않을 것. 안 그
래도 피곤하고 우울한데 왜 자진해서 힘들게 살까? 내 나
름대로는 진지한 동기가 있었다.

코로나를 전파한 숙주 중 하나가 야생 박쥐로 밝혀졌
다. 박쥐가 의도적으로 바이러스를 퍼뜨린 것은 아니다.

엄밀히 말하면 인간이 과도하게 자원을 채굴하고, 산업 활동 반경을 넓히느라 야생동물의 서식지가 제대로 분리되지 못한 까닭이 크다. 지구의 인구는 80억 명을 돌파했고, 에너지 사용량은 증가일로다. 코로나가 잠잠해지더라도 필연적으로 다른 종류의 치명적인 바이러스가 등장할 수밖에 없는 구조다. 이제 인류는 생존을 위해서라도 삶의 규모와 쓰레기 배출량을 줄여야 한다. 일회용 포장 용기를 사용하지 않는 것은 가정에서 실천할 수 있는 간단하지만 강력한 방법이다.

다회용 용기를 챙겨간 의도를 밝히면 다들 좋은 결심이라며 나를 대견하게 보지만 지속적으로 실천이 가능한지 고개를 갸웃거린다. 지금은 특수한 코로나 상황이라 배달 음식을 자주 시켜 먹어서 그렇다 치고, 앞으로 매번 어떻게 반찬통을 챙기냐는 것이다. 너무 번거롭지 않나?

나는 최대한 간단하고 친절하게 대답한다. 한국인의 연간 플라스틱 배출량은 88kg(2016년 기준)로 세계 3위에 해당한다고. 배달시키면 반찬부터 국물까지 하나하나 일회용 용기에 담아주는 라이프 스타일이 결코 일반적이지도, 바람직하지도 않다고 말이다. 세계 경제 순위가 높아지고, K컬처도 주목받고 있으니 한국의 영향력에 비례하여 환경 의식도 더 성숙해지면 좋지 않을까?

다회용 용기에 음식을 포장해오는 일은 처음에 굉장히 어색하다. 당연하다. 우리는 짜장면 한 그릇도 배달해주는 시스템에 오랫동안 적응해온 민족이니까. 하지만 나처럼 플라스틱 쓰레기를 씻어서 분리배출하는 것이 죽을 만큼 귀찮고 싫은 사람은, 재활용품 뒤처리를 하느니 다회용 용기를 들고 가는 편이 훨씬 편하다.

최근 나의 전적은 꽤 괜찮았다. 장바구니에 냄비를 들고 가서 낙지볶음을 담아오는 데 성공했고, 밀폐용기에 커피 원두 100g을 포장해오기도 했다. 플라스틱 테이크아웃 컵이 싫어서 텀블러에 에스프레소 투 샷을 내려와 뜨거운 물을 타 먹기도 했다. 그래도 최근 가장 인상 깊었던 '용기내' 에피소드는 배스킨라빈스에서였다.

지금껏 용기내 챌린지는 동네의 소규모 자영업 가게를 대상으로만 시도해왔다. 여러 차례 이용으로 사장님과 안면을 튼 상태였고, 전화로 사전에 개인 용기 사용이 가능한지 문의했기 때문이다. 그러나 배스킨라빈스는 아예 성격이 달랐다. 우선 프랜차이즈 매장이라서 고객 응대 매뉴얼이 표준화되어 있을 가능성이 높았다. 테이크아웃 손님이 스테인리스 용기에 아이스크림을 달라고 하는 변수도 매뉴얼에 나와 있을까? 나는 다회용 용기를 챙겨 아이스크림 가게로 향했다. 내가 무리한 부탁을 하는가 싶어 고민해보았지만 해당 업체에 막대한 피해를 끼치거나, 상식에 크게 어긋나는 행동은 아니라 판단하고 얌전히 문을 열었다.

"실례지만 여기에다 패밀리 용량만큼 담아주실 수 있으세요? 스푼이랑 종이가방은 안 주셔도 괜찮습니다."

점원의 동공이 여러 차례 흔들렸다. 그분 혼자만 감지할 수 있는 리히터 규모 7의 지진이 덮친 것 같았다. 아마도 아르바이트 생활 중 처음 접하는 종류의 위기지 않았을까? 나는 미안해서 침을 꿀꺽 삼켰다. 의도야 어떻든 간에 점원은 변칙 판매를 감행해야 한다. 만일 거절당한다 해도 깔끔하게 "죄송합니다" 하고 물러나야겠다고 마음먹었다. 그러나 점원은 곧 안정을 되찾고 용기를 저울에 올려 영점을 맞췄다.

5가지 맛의 아이스크림을 숙련된 감각으로 퍼서 담은 다음 무게를 쟀다. 표준 용기에 담았다면 무게를 가늠하기가 편했을 텐데, 낯선 통을 사용한 탓인지 두어 번 아이스크림을 추가해야 했다. 나는 미처 전달되지 못한 진심이 통하기를 바라면서도, 크나큰 배려를 해준 점원에게 고마워서 고개를 한껏 숙였다.

용기내 챌린지의 성공 경험이 늘어갈수록 자신감이 붙었다. 다들 적극적으로 표현을 안 해서 그렇지 속으로는 환경을 염려하는 동질감을 느꼈다고나 할까? 내 경험 범위 내에서는 일회용품 줄이기의 취지에 공감하고 기꺼이 도와주려는 분들이 환경 빌런보다 훨씬 많았다.

물론 실패하는 날도 있다. 가령 동네 만두집에 국에

넣을 만두를 사러 갔을 때였다. 김밥집에서 통했던 다회용 용기를 들고서 룰루랄라 주문을 했다. 한 달 전에도 고기만두와 김치만두 20개를 담아온 선례가 있기에 한결 느긋한 마음이었다. 그러나 예상은 보기 좋게 빗나갔다. 찐만두와 달리 만둣국용 만두는 미리 익힌 상태에서 냉동 보관을 하기에 스티로폼 접시에 랩이 씌워져 있었다. 가게 안쪽 냉장고에서 꺼낸 만두를 돌연 안 사겠다고 취소할 수가 없었다. 사장님은 내 손에 들린 다회용 용기를 보고서 겸연쩍은 표정으로 말했다.

 "포장이……, 얘(만둣국용 만두)는 어쩔 수 없어요. 만두는
 다 익은 거니까 처음부터 넣고 끓이지 말고, 끓는 물에
 넣으세요."

 사장님의 목소리에는 일말의 미안함과 소량의 짜증이 섞여 있었다. 어쩐지 그 마음을 이해할 수 있을 것 같았다. 만두 가게의 생존을 위해서는 손님이 편리한 방향으로 물건을 팔고, 서비스를 제공해야 한다. 이 만두집은 테이크아웃 전문이라 포장이 기본이다. 나 같이 소수의 별난 고객을 위해 기존의 영업 방침을 바꿀 필요는 없다.

오히려 만두집에서 친환경 포장을 표방했다가는 값비싼 천연 포장 용기를 구입하느라 이익이 줄어들 가능성이 더 크다. 사장님을 여러 차례 곤란하게 만드느니 내가 다른 가게를 찾는 게 더 합당한 선택일 것이다.

그렇지만 나는 예의 바른 태도를 잃지 않고 계속 동네 음식점 사장님들께 용기를 내 볼 생각이다. 이렇게 하면 적어도 세상에 일회용품을 거부하는 신념을 구체적인 형태로 요구하는 사람도 있다는 사례를 남길 수 있지 않을까? 뜻이 맞는 사람이 함께해준다면 더 이상 바랄 게 없지만 그건 어디까지나 내 욕심이다.

사족으로 덧붙이자면, 아저씨들의 용기내 챌린지를 권장하고 싶다. 나도 아저씨 중 한 명으로서 가게에 뭐 사러 가서 뻘쭘하게 인사만 드리고 오는 경우가 다반사인데, 용기내 챌린지를 하다 보면 자연스럽게 대화의 물꼬가 트인다. 때때로 공감과 칭찬을 듣고 올 때도 있다. 보통 아저씨들은 말주변이 없다, 귀찮은 걸 꺼린다는 오해를 받기도 하지만 사소한 변화 하나로 동네분들과 이야기를 나누다 보면 어느새 친근감이 든다. 지역화폐 카드로 결제하고 할인도 받으면 금상첨화다.

용기를 내세요.

우리 집은 1,000원 더 비싼
삼겹살을 먹습니다. 왜냐면……

며칠간 강릉 일대에는 비가 내렸고, 나는 미친 듯이 삼겹
살이 먹고 싶었다. 손으로 두툼한 생삼겹살을 들어 올릴
수 있을 정도의 생생한 감각이 느껴졌다. 나는 완고한 육
식주의자는 아니다. 고기를 아예 입에도 대지 않을 때도
있다. 그러나 한번 먹고 싶다는 충동이 들면 걷잡을 수 없
어진다. 당겨진 시위에 얹힌 화살이 핑! 하고 날아가게 되
는 것과 마찬가지다.

아내와 나는 종종 거침없는 육식욕을 공유한다. 오늘
이 바로 그날이었다. 15년을 곁에서 함께 지내다 보면 보
이지 않는 식욕의 끈이 연결되기도 하는 모양이다. 아내

는 육식이 환경 파괴로 이어진다는 사실에 죄책감을 느끼는 사람이다. 그러나 이번에는 너무나도 강렬해서 이성으로 억제할 수 없는 상황이었다. 스스로도 지나치다고 생각될 정도였다.

한번 입 밖으로 "삼겹살이 엄청나게 먹고 싶다"라고 말하고 나자 주워 담을 수가 없었다. 어느 정도였냐면, 아파트 진입 좌회전 신호를 기다리던 중 차 천장에 비가 후두둑 떨어지는 소리가 마치 어서 빨리 노릇하게 구운 삼겹살을 입에 넣으라는 재촉으로 들릴 정도였다.

우리는 이미 쏟아지는 빗물을 멈출 수 없다면 그나마 안전한 곳으로 물길을 내어 마을에 홍수 피해를 끼치지 말자고 뜻을 모았다. 그러니까 기왕 먹는 삼겹살, 포장 쓰레기라도 줄여보자고 나름의 자구책을 낸 것이다. 커다란 스테인리스 용기와 장바구니를 챙겼다. 빈 용기에 삼겹살을 가득 담아올 것이라는 독한 결심으로 길을 나섰다. 누가 보면 독립 전쟁에 취사병으로 참가한 사람처럼 비장해 보였을지도 모른다.

동네에서 고기를 파는 곳은 서로 10m 거리를 두고 있는 체인형 지역 마트와 개인이 운영하는 동네 정육점 두 군데다. 지역 마트는 100g당 2,300원, 동네 정육점은

3,300원이다. 무슨 이유인지 돼지고깃값이 크게 오른 데다가, 두 가게의 단위 가격도 무려 1,000원 차이가 난다. 1kg이면 만 원 웃돈이 든다. 하지만 우리는 동네 정육점으로 갔다. 할인 코너를 애용하며, 매일 가계부를 적는 사람이 무슨 바람이 불어서 일부러 비싼 가게를 찾은 걸까?

지역 마트에 억하심정이 있어서 불매 운동을 하는 것은 당연히 아니다. 지역 마트는 양돈농협 소속이라 돼지고기의 질이 상당히 뛰어나다. 다만 미리 일정 무게만큼 포장이 되어있어서, 따로 가져간 용기에 담아달라고 부탁하면 기존의 포장을 해체해야 한다. 직원분이 수고로움을 두 번 감수해야 한다는 의미다.

안 그래도 피곤함에 전 얼굴을 하고 있는데, 직원분의 눈그늘이 2cm 더 내려오게 만들고 싶지는 않다. 다회용 용기에 따로 담아달라고 요청하면 폐가 되기 때문이다. 그분이 별도의 서비스를 해준다고 해서 임금이 늘어나는 것도 아니다.

반면 동네 정육점은 자영업이다. 항상 사장님이 손님을 응대하고, 많이 사면 소시지를 끼워주는 등 재량껏 장사한다. 그런 매장은 개별적인 주문을 부탁하기가 편하다. 우리는 한 번에 5만 원 이상 구매하기에 사장님 입장에서도 기분 좋게 부탁을 받아주신다. 더군다나 동네 정육점은 원래부터 고기를 냉장고에 비포장 된 상태로 전시하다가 손님이 요구한 만큼 비닐 포장을 하는 체계다. 그러니 우리가 스테인리스 용기를 내밀어도 전혀 귀찮지 않다. 오히려 따로 포장하지 않고 고기만 성큼성큼 썰어서 담아주면 되니 거추장스러울 일이 없다.

이런 이유로 우리는 동네 정육점을 이용한다. 오늘은 고깃값으로 자그마치 7만 1,000원이 나왔다. 정해 놓은 식비를 훌쩍 초과한 금액이었다. 우리 부부는 폭발하는 인플레이션과 휴직 기간 외벌이에 대응하기 위해 아껴 두었던 용돈을 꺼내 보탰다. 비싼 고기인 만큼 기분 좋게 먹자며 청양고추와 마늘을 큼직하게 썰었으며, 텃밭에서 뽑은 양파도 쌈장과 함께 내었다. 고기는 큰 프라이팬에 가득 차게 세 번 구웠고, 흑미밥을 두 그릇이나 비웠다.

마지막 밥숟갈을 뜰 때쯤 성난 식육욕이 진정되었다. 아내는 고기를 먹어서 축산업으로 병들어 가는 지구에게 미안하다며 리처드 루브의《지금 우리는 자연으로 간다》라는 책을 읽었다. 그러고나서 우리는 함께 뒷산에 플로깅을 하러 갔다. 담배꽁초를 페트병 두 개 용량만큼이나 주워 왔다. 평소보다 긴 플로깅이었다. 기울어진 양팔 저울의 균형을 세심하게 맞추는 사람 같았다.

고기 섭취를 줄이려는 우리 가족의 원칙을 이번에는 지키지 못했다. 육식욕의 기습에 무릎 꿇고 만 것이다. 굴욕감과 죄책감이 원 투 스트레이트로 양심을 두들겨 대지만, 이미 저질러 버린 과거를 바꿀 수는 없다.

'포기란 없다! 하루 실패했으니, 다시 도전해야지.'

냉장고에 삼겹살을 쟁여둔 스테인리스 용기를 보며 다짐한다. 하나도 남김없이 감사한 마음으로 다 먹겠다고. 그렇지만 다음번에는 삼겹살 충동과 용감히 맞서 싸울 것이다. 아무리 배가 고팠다고는 해도 한 번에 고기 7만 원은 좀 너무했으니까.

지속 가능한 여행을 하고 싶다면,
이런 방법도 있습니다

집밥의 일상화와 절약을 추구하는 4인 가구지만 여행을
좋아한다. 강원도 해안가에 위치한 소도시 거주민인 덕
에 여행 비용이 그리 많이 들지는 않는다. 어지간한 동해
안 여행은 당일치기로 가능하기 때문에 우리 가족은 바
다를 즐겨 찾는다. 관광지에 사는 사람의 특혜다. 그러나
때로는 새로운 장소와 숙소에서 하룻밤을 보내며 재충
전을 하고 싶다. 철저한 집돌이, 집순이지만 삶의 일정 부
분은 반드시 낯선 곳에서의 여행으로 채워야만 하는 것
이다.

　마침 대체공휴일로 3일간의 연휴가 생겼다. 우리는

1박 2일 일정으로 평창 모처에 숙소를 잡았다. 숙소를 고르는 기준은 단순하다. 자연을 풍부하게 누릴 수 있고 깨끗할 것, 조리가 가능하고 기타 집기류가 갖춰져 있을 것. 어린 자녀가 두 명 있기에 매끼 식당에서 밥을 먹기는 어렵다. 여행지의 유명 맛집은 손님이 너무 많고, 어린이의 입맛에 맞지 않는다. 그래서 우리는 특식 재료를 준비했다.

여행을 하루 앞둔 토요일, 강릉 외곽의 텃밭을 찾았다. 우리는 6평가량의 땅을 빌려 농사를 짓고 있다. 6평이면 손바닥만 한 크기로 들리겠지만, 네 식구가 먹을 토마토와 쪽파, 콩, 고구마, 가지는 충분히 생산된다. 어린 자녀를 기르는 가정의 주말농장으로 6평은 절대 작지 않다. 텃밭은 주식 배당만큼이나 쏠쏠하다. 정기적으로 장을 보는 분들은 야채, 쌀을 비롯한 식료품 가격이 전반적으로 올랐다는 사실을 절실히 체감할 것이다.

이틀 전에는 김밥을 싸려고 시금치 한 단을 들었다가 6,000원에 육박하는 가격에 나도 모르게 손을 떨었다. 텃밭에서 그냥 뽑아오면 되는데, 주말에 바빠서 못 갔더니 돈을 내고 사야만 했다. 기후위기는 비싼 채솟값으로 자신의 정체를 암시하고 있었다. 이번 여행에서는 6,000원짜리 시금치와 같은 불상사를 방지하기 위해 1차로 텃밭에서 기본 야채를 공수하고, 2차로 마트에 들렀다.

텃밭에 들를 무렵 비가 내렸다. 자연이 제공하는 농장 관리 서비스는 무료인 데다, 완벽하게 안전하고 운치가 있다. 텃밭에서 뿌리가 실한 쪽파를 뽑고 가지를 땄다. 싱싱한 토마토도 똑똑 꺾어 바구니에 담았다. 껍질에 윤기가 흐르고 과육이 탱탱했다. 곧 바구니가 가득 찼다. 여행이 막 시작된 기분이 들었다.

땅에서 키운 신선한 재료를 거저나 다름없이 얻었다. 여기에는 폭리를 취하는 중간 유통도, 과도한 포장도, 빚으로 돌아오는 카드 결제도 없었다. 텃밭에서 작물을 기르다 보면 마트에서 돈을 주고 채소를 사는 행위가 어색하게 느껴진다. 그렇지만 도시에 살면서 돈을 내지 않고 채소를 밭에서 취하는 행위가 보편적이라고 말할 수는 없다. 텃밭은 도시인에게 작은 보너스 계좌 같은 공간이다.

동네 정육점에 들러 고기도 샀다. 지난 몇 달간 붉은 고기를 잘 먹지는 않았지만, 숙소 사장님이 야외 바비큐가 근사하다며 적극 권했기 때문이다. 홍정계곡물이 힘차게 흘러가는 소리를 들으며 구워 먹는 고기는 특별한 추억이 될 것 같았다. 1년에 몇 번쯤 붉은 고기를 사서 먹어야 한다면 즐거운 마음으로 먹고 싶었다. 그런 이유로 고기를 담기 위한 용기도 따로 챙겨갔다.

마트에서도 한결 마음이 가벼웠다. 상추와 양파를 비롯한 채소를 이미 텃밭에서 가져온 덕분에 야채 코너에서는 파프리카와 버섯만 집어 들었다. 생수 코너는 그냥 지나쳤다. 집에서 챙겨온 주전자형 정수기에 수돗물을 걸러 먹으면 되기 때문이다. 이번 여행에서는 요리를 해 먹어야 하므로 물이 많이 필요한데, 만일 생수를 샀다면 최소 2L짜리 4통 이상을 구입해야 했을 것이다. 그래도 라벨이 없는 생수 제품을 발견해서 기뻤다. 어떤 젊은 부부가 라벨 없는 생수를 두 묶음이나 샀다. 간소한 포장의 제품이 잘 팔려야 다른 기업들도 동참하게 된다고 생각해서 그 부부에게 호감이 갔다.

캔 커피나 컵 커피도 사지 않았다. 대신 텀블러와 드립백을 챙겼다. 숙소에 전기 포트가 있으므로 커피를 내려 마시면 된다. 드립백 봉지와 여과지 쓰레기가 소량 발생하지만 비닐은 재활용이 가능하고 여과지는 종이라 썩는다. 그 밖의 식기류는 모두 숙소에 갖춰져 있으니 일회용품은 필요하지 않았다. 여행 준비가 모두 끝났다. 잠재적 쓰레기가 줄었다는 기분이 들어 발걸음이 가벼웠다.

1박 2일 여행치고는 아이스박스부터 캐리어까지 짐이 은근히 많았다. 연휴였다고는 하나 텃밭과 마트, 정육점을 넘나들며 준비하는 데 하루가 걸려 제법 고되었다. 여행을 휴식과 고생을 겸한 의미 발견으로 분류하면 이번 여행은 명백히 후자다. 그렇지만 우리 가족은 행복했으며, 준비 과정에서 흘린 땀은 제값을 했다.

인파에 치이지 않는 울창한 숲속의 독채에서 우리는 온전한 휴식을 취했다. 다 함께 요리를 준비하고 커피를 끓여 마셨다. 창밖으로는 새가 날아다녔고, 지극히 고요했다. 자극적인 요소나 정신을 사납게 어지럽히는 방해꾼은 하나도 없었다. 새벽에는 내 집처럼 광대한 정원을 산책하며 라벤더 향기를 들이켰다. 무엇보다 이틀간 발생한 쓰레기가 작은 봉지 하나 정도였다. 노 임팩트 맨. 흔적은 적을수록 좋다.

숨이 찰 때까지 마라톤을 뛰는 사람이 러너스 하이를 맛보듯, 얼핏 고통스러워 보일지 모르는 절제는 은은하게 오래 지속되는 만족감을 선사한다. 인간의 뇌에서 쾌락과 고통을 관장하는 부위가 동일하다는 점을 떠올리면 과학적으로도 합당한 결과다.

여행은 무조건 몸이 편해야 하는가? 지긋지긋한 일상에서 벗어나려면 무제한적인 쾌락을 추구해야 하는 것인가? 믿기 어려우실 수도 있지만, 나는 고생이 약간 섞인 이번 여행이 종합적인 균형 면에서 편했다.

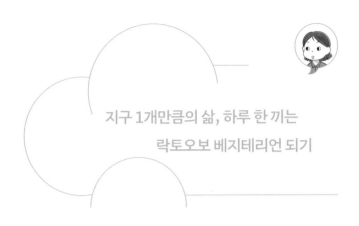

지구 1개만큼의 삶, 하루 한 끼는
락토오보 베지테리언 되기

2022년 4월 2일, 한국인의 1년 치 자원이 동났다. 4월
2일은 한국의 지구 생태용량 초과의 날Earth Overshoot Day이
었다. 지구 생태용량 초과의 날이란, 우리가 사용한 자원
이 지구의 생산 능력을 넘어서고, 오염은 지구의 자정 능
력을 넘어선 날을 뜻한다. 세계 모든 사람이 한국인처럼
살면, 4월 2일 이후로는 미래의 자원을 끌어 써야 한다.

지구 3.5개가 필요하다는 한국인의 평균적인 삶 말고,
나는 지구가 몇 개가 필요한 삶을 살고 있을까? 글로벌
생태발자국 네트워크Global Footprint Network의 홈페이지에서
계산할 수 있다(에필로그 참조). 소고기, 돼지고기, 가금류,

해산물, 달걀과 유제품을 얼마나 자주 먹는지 묻는 질문으로 시작해서, 쓰레기 배출량과 소비량, 집의 종류와 건축 재료, 평수, 재생 에너지 비율, 자동차 연비, 주행거리, 그리고 비행기를 얼마나 많이 타는지에 답하면 계산이 끝난다.

내 결과는 2.3개였다. 한국인 평균이라는 3.5개보다는 적었지만, 지구인 평균 1.75개보다는 많았다. 우리에게는 지구가 하나밖에 없는데……, 내가 지구 한 개만큼의 삶을 살 수는 없을까? 방법을 찾기 위해 처음 질문으로 돌아가 지구 한 개가 나올 때까지 답변을 이리저리 바꿔보았다.

사실 내가 조절할 수 있는 답변은 음식밖에 없었다. 집, 차, 소비, 친환경 에너지 비율은 더 손볼 수가 없었다. 나무로 지은 작은 집에서 사는 건 너무 급진적이었고, 그렇다고 멀쩡한 차를 두고 새 전기차를 뽑는 건 오히려 환경에 더 해로웠다. 신재생 에너지 비율이 높은 나라로 이민 가기에는 기회비용이 지나치게 높다.

집이나 거주지를 바꿀 게 아니라면 결국 다르게 먹을 수밖에 없는 운명이었다. 계산 결과, '락토오보 베지테리언' 정도로 먹으면 지구가 하나만 있어도 살 수 있었다. 락토오보 베지테리언이란, 식물성 식품과 달걀, 유제품까지만 섭취하는 채식주의를 말한다. 실제로 무엇을 먹느냐가 날씨를 결정한다. 2013년 유엔식량농업기구는 축산업이 전체 온실가스 배출량의 14.5%를 배출한다고 했고, 2014년 유엔총회 보고서에는 14.5%를 넘어 51%라고 발표했다.

보고서의 의미는 명확하다. 식단만 바꾸면 된다. 그러나 현실은 그리 간단하지 않다. 입맛에는 관성이 작용해서, 기존의 먹던 음식을 계속 고수하려는 경향이 있다.

2021년 우리 가족은 락토오보까지는 못해도 일단 식탁에서 붉은 고기는 뺐다. 이유는 간단했다. 붉은 고기의 탄소 배출량이 가장 높기 때문이다. 남편이랑 손가락 걸고 약속했다. 딱 1년만 해보자고! 우리는 닭고기랑 생선만 먹으면서 다짐을 지켜냈다. 자부심을 가져도 될 정도로 잘 지켰다. 그러나 1년이 지난 어느 시점부터 붉은 고기가 슬그머니 식탁에 올라오기 시작했다.

전략을 바꿨다. '하루 한 끼 육류 반찬 빼기'로, 다시 말해 하루 한 끼만 락토오보 베지테리언이 되기로 했다. 닭고기와 생선만 먹었던 2021년보다 더 쉬웠을뿐더러, 하루 한 끼를 위해 만들어 둔 채식 반찬은 다음 끼니로도 이어졌다. 닭고기와 생선만을 허용했던 작년보다 오히려

고기를 덜 먹게 되었다.

　고작 하루 한 끼. 완벽하지도 않으면서 착한 척하는 위선자일까? 나는 '위선'이 아니라 '개선'이라고 생각한다. 일관성 있는 채식이 아니란 이유로, 일관성 있게 고기를 쉽게 먹는 게 솔직한 걸까? 채식 또한 '더운 날 에어컨 대신 선풍기 틀기' 같은 친환경 행동이다. 항상 완벽할 수는 없지만, 시도는 해보아야 하지 않을까? 100% 채식주의자가 아니기에 누군가에게 위선처럼 보일지언정, 적어도 마음과 체력이 허락할 때 힘닿는 대로 고기 뺀 식단을 차려낸다.

　기쁜 소식이 있다면 비건을 위한 식물로 만든 고기, 만두, 치킨이 최근 너무 잘 나온다. 소스가 굉장히 맛있다. 이런 천재적인 음식을 개발한 사람들에게 '지구 한 개상'을 안겨주고 싶다. 어쩌면 나 같은 사람에게는 노벨상보다 더 값질지도 모른다.

지구를 위한 돈쭐

"내 60살 생일 때, 돌돌 말린 돈이 케이크에서 계속
　튀어나오는 거, 그거 나도 해줘."

시아버지 환갑잔치를 치르고 노곤한 채로 돌아오는 차
안, 남편과 나는 아이 덕분에 웃었다. 케이크 아래 비밀스
럽게 숨겨져있던 5만 원 돈뭉치가 머리에 맴돌았던 모양
이다.

"그래. 2075년에 꼭 해줄게! (네 환갑은 이렇게나 먼 훗날이란다.
　돌돌 말린 돈, 그거 받으려면 한참 남았어)"

남편은 '2075년'을 짓궂게 강조했다. 그런데 2075년이란 숫자를 입 밖으로 꺼낸 순간 우리는 잠시 말을 잇지 못했다. 아이를 놀려주려고 숫자로 가늠해본 건데, 오히려 당황하고 말았다. 단순히 숫자가 크고, 미래가 멀게 느껴져서 놀란 게 아니다. 문제는 2050년이다. 아이의 환갑이 2050년 너머에 있다는 사실에 정신이 번쩍 들었다.

2050년은 약간 두려우면서도 희망을 품게 만드는 해다. 지구에서 살아가기 위해 반드시 탄소 중립을 성공해야 하는 시점이기 때문이다. 우리가 기후위기에 대처하기 위해 무엇을, 얼마나, 오랫동안 실천하느냐에 따라 2050년 이후에도 지구에서 살아갈 수 있을지를 가늠할 수 있다.

우리가 탄소를 배출하는 면에서 아무런 조치를 취하지 않는다면, 즉 인류의 산업 활동이 지난 30년과 마찬가지로 앞으로도 30년 동안 동일한 상승 곡선을 그린다면 21세기가 끝날 때 즈음에는 오늘날 기준에서 살 만한 지역이 하나도 남아 있지 않을 것이다.

－《2050 거주불능 지구》, 데이비드 월러스 웰즈 지음,
김재경 옮김, 추수밭, 2020년 4월

기후위기에 신속하게 대응해야 하는 건 알고 있었다. 하지만 2050년이면 거리에서 만나는 어린이들이 아직 환갑도 채 안 된 때라는 걸 눈치채지는 못했다. 60살은 청춘으로 여기는 시대에, 어린이들이 60살까지 건강하고 안전하게 살아갈 수 있을지 상상하기 어렵다니. 아이들은 환갑에도 여전히 풍요로울 수 있을까? 무탈한 너희의 환갑을 위해 어른인 엄마가 무엇을 할 수 있을까?

플라스틱 사용을 줄여보았다. 가벼운 노력으로도 플라스틱 쓰레기 상당량을 줄일 수 있었다. 원두를 사고 받은 테이크아웃 컵 커피(거절해야 했는데!), 빵 포장 트레이, 두부 포장, 햄버거 젤리와 보석 사탕 포장, 과자 소스 통 등, 한 달 동안 배출한 플라스틱 쓰레기를 모아 바닥에 하나씩 펼쳐도 과거의 일주일 치 쓰레기보다 덜 나왔다.

플라스틱 쓰레기를 줄이는 비결은 딱 하나, '용기'다. 포장을 할 때 장바구니, 천 주머니, 텀블러, 밀폐용기 등 이미 가지고 있는 온갖 용기에 내용물만 담아오면 된다. 시장에 가서 느타리버섯은 천 주머니에 담아오고, 금요일 퇴근 후에 커피랑 곁들일 얼그레이 롤케이크는 밀폐용기에 포장하니, 일상의 재미도 여전히 놓치지 않았다.

하지만 플라스틱 '제로'는 여전히 어려웠다. 호빵을 골랐더니, 두부를 샀더니, 증정품을 받았더니 플라스틱 쓰레기도 따라왔다. 자책할 일은 아니었다. 호빵을 먹은 게 그리 큰 잘못은 아니니까 말이다. 개인이 노력하면 플라스틱 쓰레기를 줄일 수는 있지만, 아무리 노력해도 플라스틱 쓰레기를 완전히 피할 수는 없다. 어쩌면 좋을까?

플로깅도 해보았다. 처음에는 쓰레기를 버린 사람들을 욕했다(물론 여전히 욕한다). 버려진 홍삼즙 껍데기는 고스란히 버린 사람 입속에 넣어주고, 담배꽁초는 콧구멍에 꽂아주고 싶다며 반쯤 진심인 농담으로 남편이랑 신나게 웃었다.

하지만 플로깅을 거듭할수록 욕이 줄었다. 버려진 쓰레기들은 너무나 일상적인 물건들이기 때문이다. 마스크, 일회용 테이크아웃 컵, 택배 박스 테이프, 컵라면 용기, 견과류 믹스. 이 쓰레기들의 가장 큰 문제는 썩지 않는다는 점이다. 햇빛과 바람에 잘게 부서져 미세 플라스틱으로 남아 생태계의 가장 기층 단위부터 교란한다. 썩지 않는 물건이 세상에 태어났다는 점이 쓰레기 문제의 뿌리 깊은 원인이었다.

나는 이런 물건을 돈 주고 산 적 없나? 결백할까? 길가에 함부로 쓰레기를 버린 사람들과 비교할 수는 없지만, 나 또한 무결하지 않다. 바닥에 버린 그들도, 쓰레기통에 버린 나도, 지구에 부담을 주었다는 점에서는 자유로울 수가 없다.

플로깅을 하고 나무 칫솔과 고체 치약, 샴푸바, 설거지 비누, 면 생리대, 텀블러, 장바구니를 사용하며, 고기를 줄였지만 그럼에도 불구하고 나는 지구에 얼마만큼 도움이 될까? '내 고생은 비효율이지만, 정부와 기업의 변화는 확실한 한 방 아닐까'라는 생각을 종종 한다.

마트에서 비닐이나 플라스틱 없이 물건을 살 수 있다면? 빵 포장 안에 플라스틱 트레이가 없다면? 담배꽁초 필터를 플라스틱 말고 생분해 물질로 만든다면? 카페에서 일회용품 사용이 금지된다면? 우리가 쓰는 전기가 친환경 에너지라면? 공공기관에서 환경 표지 인증 제품을 써야만 한다면?

누구나 애쓰지 않아도 이미 주어진 상품과 서비스들이 환경에 덜 해롭다면, 우리의 평범한 일상도 꽤 괜찮을 것이다. 그렇다면 정부와 기업을 설득할 방법은 없을까?

있다. 정부의 정책을 움직이고, 기업의 친환경 경영을 이끌어낼 수 있는 멋진 사람들이 있는 곳. 바로 환경단체다. 정부의 목표는 GDP 상승이고 기업의 목표는 매출 상승이며, 비영리 환경단체의 목표는 환경 보호다. 그래서 비영리 환경단체는 정부나 기업을 상대로 용감하게 활동하고, 신랄하고 신명 나게 친환경으로의 변화를 요구한다.

그들은 태평양에 떠 있는 쓰레기 섬의 쓰레기를 수거하고, 북극의 빙하가 녹지 않도록 세계 각국의 정부를 상대로 탄소 배출량을 줄일 것을 호소한다. 담배꽁초를 주워 모아 한국담배인삼공사에 '꽁초 어택'을 하며, 담배에서 플라스틱 필터를 없애줄 것을 요구한다.

개인이 할 수 있는 일 이상을 바란다면, 환경단체에 기부하면 된다. 환경단체가 오래도록 힘낼 수 있도록 돈쭐을 내자. 자본주의 때문에 지구가 이 지경이 되었다는 생각도 들지만, 비영리 환경단체를 실질적으로 도울 수 있는 방법 또한 '돈'이다. 비영리 환경단체에서 일하시는 분들이 그 누구보다 더 잘 먹고 잘살기를 바란다.

돈을 버는 성인인 나는 기부를 통해 돈으로 환경을 조금씩 산다. 2050년 너머 세상 아이들이 풍요로운 환갑을 맞이할 수 있도록, 그리고 2075년에는 돌돌 말린 돈이 계속 튀어나오는 케이크를 선물하겠다는 약속을 지키기 위해.

에필로그

우리나라의 고금숙 작가는 제로 웨이스트 가게인 알맹상점을 차렸고, 스웨덴의 그레타 툰베리는 기후를 위해 결석 시위를 했다. 뉴욕의 콜린 베번은 전기를 쓰지 않기 위해 한 달 동안 두꺼비집을 내린 후 촛불을 켰으며, 세상의 수많은 채식주의자들은 고기를 끊었다. 한 사람씩 열거할 수는 없지만, 기후위기에 전력으로 맞서는 모든 분에게 이 자리를 빌려 고백하고 싶다. 당신의 열렬한 팬이라고, 진심으로 감사드린다고.

인류의 서식지를 지키고자 어떤 고난도 명랑하고 용감하게 헤쳐 나가는 나의 영웅들을 보고 있노라면 가슴이 뛰고, 동시에 기분 좋은 의욕이 샘솟았다. 나도 내 자리에서 할 수 있는 일들을 조금씩 해보고 싶었다. 영웅에 비하면 너무나 어설프고 작은 실천이었다. 때로는 '이건 순전히 나 좋자고 하는 일이잖아!'라는 생각에, 감히 내가 인류와 생태를 위한다고 할 수 있을까? 하는 의문이 들기도 했다. 혼란스럽지 않았다면 거짓말이다.

혼란은 동시에 희망이기도 했다. 친환경 생활이 '편리와 이익'을 가져다줄 수 있다는 확신이 생겼기 때문이다. 그래서 다른 사람에게도 부담 없이 권할 수 있었다. 적어도 큰 폐를 끼치는 일은 아니기 때문이다. '육식지옥 채식천국' 포교 활동을 하듯 강하게 주장하지는 않는다. 다만 자식의 손에서 콜라를 거두고, 생수를 쥐여주는 마음으로 추천할 뿐이다.

플라스틱 용기에 담긴 뜨거운 미세 플라스틱 범벅의 국물 치즈 라볶이를 권하는 것보다, 사과 한 알과 바나나 한 개, 그리고 미리 삶아 놓은 병아리콩을 권하는 편이 더 상대를 사랑하는 일이니까 말이다.

감사하게도 이 책을 여기까지 읽어주신 독자님께, 지구 한 개의 삶에 가까워질 수 있는 소소한 요령을 안내해 드리고 싶다.

나의 생태발자국은 지구 몇 개?

•

한국인은 평균 지구 3.8개만큼의 자원을 소모한다. 그렇다면 나는 몇 개의 지구가 필요한 삶을 살고 있을까? 글로벌 생태발자국 네트워크 홈페이지footprintnetwork.org 우측 상단에 'CALCULATE YOUR FOOTPRINT'(당신의 발자국을 계산해보세요)를 통해 계산할 수 있다.

아쉽게도 한국어 지원이 되지 않지만, 브라우저 내의 번역 기능을 이용할 수 있으니 지레 겁먹지 않으셔도 된다. 계산하고 나면, 식사foods, 교통mobility, 주거shelter, 물건goods, 서비스services 중 어느 부분에서 탄소 배출을 줄여야 할지 알 수 있다.

절약하기

•

친환경 용품인 에코백과 텀블러, 스테인리스 빨대도 모든 생산-유통-폐기 단계에서 지구에 무해하지 않다. 이들이 친환경 용품인 이유는 마르고 닳도록 오래 쓸 수 있기 때문이다. 아무리 친환경 용품이라 할지라도 일회용 제품 마냥 몇 번 쓰고 버리거나, 필요 이상으로 구매하면 오히려 환경에 해롭다. 새 물건을 최대한 덜 사는 일이야 말로 가장 효과적인 친환경 활동이다.

지구를 위한 따뜻한 마음이 아무리 충만해도 한순간의 소비 충동을 이기지 못하면 이미 결제 끝, 영수증이 손에 들려있게 된다. 그래서 우리는 따뜻한 마음을 지키기 위해 몇 가지 돌파구가 필요하다.

하루 예산 가계부 쓰기

하루 예산 가계부란 예산을 '하루' 단위로 정해서 쓰는 가계부다. 하루인 이유가 있다. 일반적인 가계부 양식은 가계부를 매일 쓰기는 하지만 정산은 월말에 하는 구조다. 그러다 보니 정산하는 날 하루만 잠시 침울해지고 다음 달에 같은 실수를 반복하기 일쑤다. 과소비로 누적 카드 사용액이 치솟아도 빨리 바로잡을 수 없다는 의미다.

반면 하루 예산 가계부는 매일 쓰고, 매일 정산하기 때문에 씀씀이를 매일 성찰할 수 있다. 누적 잔액이 마이너스면 외식을 자제하고, 냉장고 파먹기를 시도한다.

4인 가족인 우리의 경우, 식비와 생활비를 각각 하루 2만 원으로 책정해서 쓰고 있다. 물가와 가족 구성원의 성향을 고려하여 식비와 생활비를 조절하면 된다.

식비 (식료품, 외식, 카페)	생활비 (의류, 의료, 유류, 대중교통, 여가, 잡화)

2024년 1월 1일 월요일

지출: 유기농 떡국 떡, 대파, 　　　동물복지계란	지출: 아이 한복(당근마켓), 주차비
지출 계: 15,500원	지출 계: 14,000원
하루 잔액: 4,500원 *하루 잔액 = (하루 예산) - (지출 계) = 20,000 - 15,500 = 4,500	하루 잔액: 6,000원 *20,000-14,000 = 6,000
누적 잔액: 4,500원 *누적 잔액 = (전일 누적 잔액) +(하루 잔액) = 0 + 4,500 = 4,500	누적 잔액: 6,000원 *0 + 6,000 = 6,000

2024년 1월 2일 화요일

지출: 청국장 3개, 국산 콩 두부, 　　　애호박	지출: 무지출
지출 계: 22,000원	지출 계: 0원
하루 잔액: -2,000원 *20,000 - 22,000 = -2,000	하루 잔액: 20,000원 *20,000 - 0 = 20,000
누적 잔액: 2,500원 *4,500 + (-2,000) = 2,500	누적 잔액: 26,000원 *6,000 + 20,000 = 26,000

식비 (식료품, 외식, 카페)	생활비 (의류, 의료, 유류, 대중교통, 여가, 잡화)

2024년 1월 3일 수요일

지출: 순두부 백반 4인분	지출: 고체 치약 150정, 샴푸바
지출 계: 40,000원	지출 계: 23,500원
하루 잔액: -20,000원 *20,000 - 40,000 = -20,000	하루 잔액: -3,500원 *20,000 - 23,500 = -3,500
누적 잔액: -17,500원 *2,500 + (-20,000원) = - 17,500	누적 잔액: 22,500원 *26,000 + (-3,500) = 22,500

2024년 1월 4일 목요일

지출:무지출	지출: 도서
지출 계: 0원	지출 계: 32,000원
하루 잔액: 20,000원 *20,000 - 0 = 20,000	하루 잔액: -12,000원 *20,000 - 32,000 = -12,000
누적 잔액: 2,500원 *-17,500 + 20,000 = 2,500	누적 잔액: 10,500원 *22,500 + (-12,000) = 10,500

하루 예산 가계부에는 거의 매일 지출이 이뤄지는 식비와 생활비(의류, 의료, 유류, 대중교통, 잡화, 여가) 항목만 적는다. 보험비, 관리비, 통신비 등 한 달에 한 번만 나가는 고정지출 항목은 따로 예산을 세워 기입한다.

냉장고 피먹기

냉장고를 비롯하여 집에 있는 식재료를 다 먹은 후에 장을 보는 방법이다. 식재료 낭비를 줄이고 식비도 절약할 수 있다. 냉장고 정리까지 이루어져서 마법 같은 효과를 발휘한다.

방법은 간단하다. 먼저 냉장고 지도를 그린다. 빈 종이 한 장을 십자 모양으로 접어 사 등분한다. 세 칸에는 각각 냉장실, 냉동실, 실온에 보관하고 있는 식료품을 쓴다. 그리고 나머지 한 칸에는 이 식료품으로 만들 수 있는 요리를 쓴다. 예를 들어 감자가 있으면, 감자전, 감자채볶음, 감잣국, 카레, 감자샐러드 샌드위치, 삶은 감자, 감자밥 등을 적는다.

이 냉장고 지도를 냉장고에 붙여놓고, 요리하여 재료를 소진할 때마다 가위표로 지워나간다. 냉장고가 어느 정도 정리되면 장을 본다.

알뜰 채소

알뜰 채소는 오늘 팔리지 않으면 내일 폐기될 식료품들이다. 마감 시간쯤 마트를 방문하면 할인 스티커가 붙은 식료품들을 쉽게 찾을 수 있다. 알뜰 채소는 최상의 컨디션이 아닐 뿐, 위생이나 영양면에서 부족하지 않다. 멀쩡한 사과와 당근이 안타깝다면 식비도 줄일 겸 냉큼 바구니에 담아오자. 알뜰 채소를 구입하여 맛있게 요리해 먹는 것만으로도 지구를 위한 일이 될 수 있다.

소비 미루기

당장 필요해서 급하게 사야 할 물건이 아니라면 소비를 최대한 미뤄보자. 의외로 집에 있는 물건들로 대체 가능할 때가 많고, 때로는 쇼핑을 하려던 사실조차 까마득히 잊어버리곤 한다. 참을 인 세 번이면 살인도 면한다. 아니 알부자가 된다.

오래 쓰기

쓰던 물건을 버리고 새로 사야 할 경우, 그 기준은 늘 '쓰임'이다. 지금 이 물건을 버리는 이유는 쓰임을 다했기 때문인가, 더 이상 설레지 않기 때문인가?

10년 된 유선 청소기가 제대로 작동한다면? 최신형 무선 청소기가 탐난다 해도 눈을 질끈 감자. 정 무선 청소기가 사고 싶다면 유선 청소기가 고장 날 때까지 기다리는 것은 어떨까? 덕분에 2019년 1월에 산 스마트폰을 2023년 가을인 현재까지 잘 쓰고 있다. 액정 귀퉁이가 두 군데나 금이 살짝 갔는데도 고장이 안 난다.

가전제품뿐 아니라 주방용품, 옷, 신발, 가구, 자동차 등 모든 영역에 '오래 쓰기' 스킬을 적용해보자. 인테리어나 유행, 혹은 최신 기능이 나쁘다는 말은 절대 아니다. 우리는 기후위기가 현실임을 알고 있는 인류세의 시민이 아닌가. 유행을 따름으로써 얻을 수 있는 짜릿한 기분은 기후에 양보하자.

중고 물품 쓰기

중고 물품 쓰기는 '오래 쓰기'의 연장선이다. 어떤 물건이든 버리지 않으면 쓰레기가 아니다. 쓰레기가 될 운명을 최대한 유예하자. 그 방법이 바로 중고 거래다. 우리 가족은 주로 당근마켓을 애용한다. 텀블러, 크리스마스트리, 수영복 등 새로 사기 전에 당근마켓에 먼저 검색한다. 어른 옷의 경우 인터넷에 '빈티지', '세컨핸드', '구제샵', '중고 옷'을 검색하여 취향에 맞는 옷을 구매할 수 있다.

추천 도서

- 《돈 한 푼 안 쓰고 1년 살기》, 마크 보일, 부글 북스
- 《핀란드 사람들은 왜 중고 가게에 갈까?》 박현선, 헤이
  북스
- 《안녕, 동백숲 작은 집》, 하얼·페달, 열매하나
- 《적을수록 풍요롭다》, 제이슨 히켈, 창비
- 《줄이는 삶을 시작했습니다》, 전민진, 비타북스
- 《텀블러로 지구를 구한다는 농담》, 알렉산더 폰 쇤부르
  크, 추수밭
- 《나는 풍요로웠고, 지구는 달라졌다》, 호프 자런, 김영사

제로 웨이스트

．

제로 웨이스트란, 쓰레기를 최소화하려는 실천을 말한
다. 일회용 포장을 줄이고, 종이나 나무처럼 썩는 물질로
만들어진 생활용품을 사용한다. 좀 부담스러운 단어이
긴 하다. 제로, 0이라니! 쓰레기를 하나도 안 만들 수 있
을까? 도무지 범접하기 불가능한 경지인 듯하여 지레 포

기하고 싶어지는 단어다. 그래서 쓰레기를 최소화하자는 현실적인 표현으로 레스 웨이스트^{less waste}라는 표현을 쓰기도 한다. 사실 제로 웨이스트든, 레스 웨이스트든 결국은 모두 같은 마음이다. 스스로 부끄럽지 않을 만큼 최선을 다해 쓰레기를 줄이는 데 의미가 있다고 생각한다.

제로 웨이스트 용품 애용하기

몇 년 전만 해도 제로 웨이스트라고 하면 유난스럽다는 평이 많았다. 또 막상 실천하려면 관련 용품을 구하기도 어려웠다. 하지만 지금은 세상 편해졌다. 제로 웨이스트 물건들을 구하기도 쉬워졌고 값도 내렸다. 무난한 대나무 칫솔로 제로 웨이스트에 입문해 보는 것은 어떨까?

- **씻을 거리**

  양치할 때는 나무 칫솔과 고체 치약으로, 세수할 때는 세안바, 머리를 감을 때는 샴푸바와 린스바가 있다.

- **설거지**

  고체 형태의 설거지 비누와 천연 수세미를 쓸 수 있다.

- **빨래**

  소프넛^{soap nut}을 작은 면 주머니에 넣어 빨랫감과 함께 세탁기에 돌리면 된다. 세탁이 끝나면 빨래와 함께 소프넛을 넣어 말린다. 7회 정도 사용하고 나면 매립용 쓰레기봉투에 넣어 버리면 된다.

• 위생용품

면 생리대와 생리컵이 있다. 면 생리대는 좀 더 안전하고, 생리컵은 좀 더 편리하다.

• 손수건

가장 쓰임이 많은 만능 제로 웨이스트 용품이다. 손 씻고 나면 페이퍼 타월 대신, 식당에서 입가를 닦을 때 냅킨 대신 손수건을 꺼내면 된다. 여행 갈 때는 비닐을 쓰지 않고 속옷이나 칫솔, 치약을 보관할 수 있다. 소풍 갈 때 손수건 한 장을 깔아 휴대용 식탁보처럼 쓰면 근사하다. 약간의 창의력만 발휘한다면 웬만한 휴지와 비닐 사용을 대체할 수 있다.

• 주의사항

일단 집에 페이스트 치약이 있다면 마저 다 쓰면 좋겠다. 플라스틱 통에 담긴 샴푸나, 묶음 상품으로 대량 구매한 칫솔도 마찬가지다. 이미 세상에 태어나 우리 손에 쥐어진 물건이라면? 잊지 말자. 쓰이면 물건이고 버리면 쓰레기다.

용기내!

마트, 과일가게, 카페, 빵집, 정육점, 음식점 등 어디서든

용기container를 낼 수 있다. 출근길에 텀블러와 작은 천 주머니를 넣고 다니면 갑자기 장을 보더라도 당당하게 꺼낼 수 있다.

다회용 용기를 늘 챙겨 다니지 못할 수도 있다. 하지만 집에서 출발할 때는 얘기가 다르다. '빵 사러 가야지', '양파 사러 가야지' 하고 계획해서 외출할 때는 다회용 용기나 천 주머니를 챙기자. 용기를 내면 점원분과 눈빛 및 목소리 톤으로 주고받게 되는 다정하고 따뜻한 마음을 느낄 수 있을 것이다. 지구라는 서식지에서 함께 살아가는 시민으로서, 간절하게 쓰레기를 줄이고 싶은 마음은 말하지 않아도 통한다(물론 폭포수 같은 덕담과 공감은 덤이다).

추천 도서

- 《노 임팩트 맨》, 콜린 베번, 북하우스
- 《별일 아닌데 뿌듯합니다》, 이은재, 클랩북스
- 《플라스틱 없는 삶》, 윌 맥컬럼, 북하이브
- 《우린 일회용이 아니니까》, 고금숙, 슬로비
- 《쓰레기 거절하기》, 산드라 크라우트바슐, 양철북
- 《무해한 하루를 시작하는 너에게》, 신지혜, 보틀프레스

채식하기

●

지금 당장 모든 인류가 비행기 여행을 멈출 수 있을까?
에어컨 온도를 25℃로 강제할 수 있을까? 카페에서의 일
회용 컵 보증금 법도 제대로 통과되지 않는 현실에서는
무리한 바람일 것이다.

그렇다면 채식은 어떨까? 채식도 성격 급한 환경 운
동가의 무리수일까? 의외로 육식 줄이기는 시도해볼 만
하다. 오늘부터 동물성 식품을 하루에 한 끼만 먹는 것이
다. 햄버거나 피자, 스테이크, 삼겹살을 멀리해보자. 아침
에는 호박 된장찌개에 밥 한 그릇 먹고, 저녁에는 삶은 병
아리콩을 곁들인 샐러드와 그래놀라로 가볍게 마무리하
는 것이다. 체력이 좋아지고, 혈색은 밝아진다.

채식 식단 차리기는 어렵지 않다. 평소 고기를 넣어
요리하는 메뉴에서, 고기만 빼면 된다. 카레, 짜장, 볶음
밥, 마파두부, 파스타, 미역국, 비빔밥, 된장찌개, 김치찌
개 등은 동물성 식품이 없어도 맛이 보증된 메뉴들이다.
채식에 맛을 들인 후, 한 달쯤 지나면 고기를 넣은 카레가
어색하게 느껴지기도 한다.

세계 3대 의학저널 중 하나인 〈란셋THE LANCET〉은 2009년, 55명의
과학자들이 1년간 연구한 결과를 발표했다. (……) 축산 동물의 수를
30% 감소시키고 육류 소비를 줄이면 이 목표(2050년까지 1990년 대
비 80% 온실가스 감축)를 달성할 수 있고 아울러 심장마비 등 각종 질
병이 줄어 국민 건강이 향상된다는 연구 결과였다.

-《사랑할까, 먹을까》, 황윤 지음, 휴(休), 2023

채식으로 개인의 수명과 인류의 역사를 연장해보자.
채식은 개인이 실천할 수 있는 기후위기 대응 중, 가장 효
율적으로 탄소를 줄일 수 있는 방법이다. 무엇보다 즉각
적으로 '건강'이라는 혜택을 누릴 수 있다.

추천 도서
-《아무튼, 비건》, 김한민, 위고
-《탄소로운 식탁》, 윤지로, 세종서적
-《기후미식》, 이의철, 위즈덤하우스
-《요리를 멈추다》, 강하라·심채윤, 사이몬북스
-《오늘 조금 더 비건》, 초식마녀, 채륜서
-《우리가 날씨다》, 조너선 사프란 포어, 민음사
-《사랑할까, 먹을까》, 황윤, 휴(休)

- 《아무튼, 딱따구리》, 박규리, 위고

플로킹

●

산책하며 쓰레기를 주워 보자. 물론 세상 모든 쓰레기를 다 주울 수는 없다. 대신 꾸준히 지켜주고 싶은 산, 하천, 해변, 공원 등을 정해보자. 적어도 자신이 사랑하는 공간만큼은 눈에 띄게 깨끗해질 것이다.

처음에는 주워도, 주워도 계속 나오는 묵은 쓰레기 때문에 허탈할 수도, 분노가 치솟을 수도 있다. 하지만 시간과 체력, 그리고 마음이 허락할 때 플로킹을 다니다 보면 여러분의 반려 공간에 묵은 쓰레기가 없어질 것이다. 여러분이 지나간 그 길은 분명히 아름다워져 있다.

지구 닦는 사람들 와이퍼스

혼자 쓰레기 줍기가 멋쩍다면, 함께 해보는 건 어떨까? 와이퍼스는 한국의 플로킹 봉사 단체다. 와이퍼스 홈페이지 wiperth.me를 통해 공식 플로킹에 참여할 수도 있고, 플로킹 키트까지 구입할 수 있다. 와이퍼스는 단순히 쓰레기 줍기에 그치지 않고, 담배꽁초의 플라스틱 필터 및 무단투기에 대한 문제 해결을 촉구하기 위해 한국담배인삼공사를 대상으로 '꽁초 어택'을 진행하기도 한다. 쓰레기 문제를 뜻이 맞는 사람들과 함께 해결해 보자.

관련 도서

- 《지구 닦는 황 대리》, 황승용, 더숲
- 《나는 아름다워질 때까지 걷기로 했다》, 이자경, 담다

SNS 활용하기

·

어떤 친환경 실천이든 꾸준히 기록하자. 완벽한 환경 운동가 1명도 중요하지만, 어설픈 환경 염려인 100명의 힘도 강하다. 그러므로 가장 중요한 것은 홍보와 연대다. 텀블러에 테이크아웃한 커피 사진이든, 채식 식단이든, 사용하지 않는 플러그를 뽑아 놓은 사진이든, 그 사진을 SNS에 올리는 것이다. SNS 파도타기야말로 어설픈 환경 염려인 100명이, 1,000명이 되고, 1,000명은 다시 만 명이 되는 방법이다.

무심코 쓰는 물티슈 한 장, 비닐 팩 한 장을 아낀 그 마음을 SNS에 자랑해주면 좋겠다. 그 선한 문장을 읽은 다

른 사람이 또 일회용 젓가락을 거절하거나, 김밥을 포장
해 올 때 다회용 용기를 들고 갈 수도 있지 않을까? 다회
용 용기에 김밥을 담아온 분이 남긴 글을 읽은 누군가는
과일을 살 때 비닐 말고 천 가방에 넣어올지도 모른다.

나는 어제 '고작 비닐 한 장'을 아꼈다. 나비의 날갯짓
에 가까운 발버둥이다. 하지만 SNS에 기록으로 남기면
얘기가 달라진다. 연약한 날갯짓은 나비 효과를 일으켜
거대한 토네이도를 불러 일으킬지도 모른다.

어설픈 대중의 힘을 믿는다. 망가져가는 자연환경을
걱정만 하는 것이 아니라, 자신의 욕망도 조절할 줄 아는
한 사람, 한 사람의 힘이 모이면 '하나라도', 정말 단 '하나
라도' 덜 생산되리라.

더 읽어볼만한 추천 도서

- 《2050 거주불능 지구》, 데이비드 월러스 웰즈, 추수밭
- 《최종경고: 6도의 멸종》, 마크 라이너스, 세종서적
- 《오래된 미래》, 헬레나 노르베리 호지, 중앙북스
- 《작은 행성을 위한 몇 가지 혁명》, 시릴 디옹, 갈라파고스
- 《그레타 툰베리의 금요일》, 그레타 툰베리·스반테 툰베
  리·베아타 에른만·말레나 에른만, 책담

- 《전기 없이 우아하게》, 사이토 겐이치로, 티티
- 《기후위기인간》, 구희, 알에이치코리아

민주주의와 자본주의가 완벽하다고 할 수는 없다. 하지만 그럼에도 독재자에게 운명을 내맡기는 사회보다 다수의 의견이 세상을 움직이는 민주주의를 아끼신다면, 정당하게 번 돈으로 원하는 물건을 살 수 있는 자본주의를 사랑하신다면 아직 희망이 있다. 우리의 운명을 편협한 독재자나 탐욕스러운 기업가에게 온전히 맡길 수는 없지 않은가.

정치인에게는 시민의 투표가, 기업인에게는 소비자의 구매가 가장 두렵다. 그러므로 우리의 행동과 소비는 일종의 영향력이나 다름없다. 기후위기에 대응하는 시민들이 늘어날수록, 지구를 생각하는 식습관과 생필품을 소비하는 소비자들이 늘어날수록, 정치인과 기업인은 움직인다. 그들도 변화해야만 생존할 수 있기 때문이다.

세상이 변하길 기다리지 않아도 된다. 힘을 뭉친 우리가 변할 때 세상도 함께 변한다. 다행히 우리는 민주주의와 자본주의 사회에 살고 있으므로, 오늘도 작은 마음을 지구에 보탠다.

감사의 말

우리 가족은 비교적 쉽게 친환경 생활을 시작할 수 있었다. 나무 칫솔, 고체 치약, 샴푸바, 소프넛, 메이크업 세안 비누, 면 생리대, 리유즈백, 비건 소스와 비건 식품, 그리고 다양한 비건 옵션이 있는 식당들, 자연식물식 조리법을 소개해주는 유튜버와 블로거 그리고 책들, 더 나아가 이제는 플로깅 키트까지. 언제나 참고할 수 있는 대상이나 인물이 있었다.

이 모든 친환경 인프라는 두 팔 걷어부치고 앞서 친환경 생활의 기반을 닦아놓은 분들이 계시기 때문에 누릴 수 있는 것이다. 이런 선구자분들 덕분에 이제 친환경 생활은 관심만 가져도 쉽게 시도해볼 수 있는 일이 되었다. 이름을 아는 분들을 비롯하여 무심결에 지나쳤을 무수한 선구자분들을 선배님이라고 부르고 싶다. 온 마음 다해 감사드린다.

또한 지방에 있는 4인 가족이 나름 꽁냥꽁냥 열심히 살아가는 모습을 책으로 낼 수 있게끔 이끌어주신 안대근 편집자님께 감사드린다. 따뜻한 성정의 안대근 편집자님이 안 계셨더라면 어수선한 기억의 파편들을 부드럽게 묶어내지 못했을 것이다.

울산에 계신 부모님께서는 플라스틱 줄이기 도전을 하고 있을 때 머그잔을 6개나 챙겨 카페까지 들고 가셨다. 고기 줄이기 도전을 하고 있을 때는 일부러 산채정식 음식점을 수소문하여 예약을 잡아주셨다.

동해에 계신 부모님은 푸성귀를 담아주실 때 씻어 놓은 재활용 비닐과 플라스틱에 담아주셨다. 과일 껍질 한 조각이라도 텃밭의 거름으로 돌려보내시는 동해 부모님은 우리가 곁에서 보고 배울 수 있는 제로 웨이스트 선배님이시다.

그 누구보다 사랑하는 두 딸. 너희들의 환갑에도 오늘 같은 날씨일 수 있도록 엄마, 아빠가 최선을 다해볼게. 너희는 존재 그 자체로 이 글을 쓰게 한 동력이란다. 엄마, 아빠가 원고를 붙들고 있을 때마다 심심해서 몸을 배배 꼬며, "다했어?", "이제는 다 끝났어?" 거듭 묻던 너희들. 기다려줘서 고마워. 사랑해.

지구를 구하는 한 달간의 환경 실천 달력

한 달간의 작은 실천이 생태발자국을 얼마나 줄일 수 있는지 확인해 봐요!

---

step 1. 생태발자국 네트워크 홈페이지 (footprintnetwork.org) 에서 나의 생태발자국을 계산해 봅시다.

step 2. 에필로그를 참조해, 한 달 동안 제로 웨이스트, 채식, 플로깅 등 다양한 환경 활동들을 실천하고, 매일 어떤 실천을 했는지 달력에 기록합니다.

step 3. 지난 한 달 동안의 생활 습관을 토대로 다시 나의 생태발자국을 계산해봅시다. 나의 작은 실천이 얼마큼 지구에 이로웠는지 알 수 있을 거예요!

1일 차	2일 차
오늘의 환경 활동:	오늘의 환경 활동:
6일 차	7일 차
오늘의 환경 활동:	오늘의 환경 활동:
11일 차	12일 차
오늘의 환경 활동:	오늘의 환경 활동:
16일 차	17일 차
오늘의 환경 활동:	오늘의 환경 활동:
21일 차	22일 차
오늘의 환경 활동:	오늘의 환경 활동:
26일 차	27일 차
오늘의 환경 활동:	오늘의 환경 활동:

전월 탄소 발자국:

3일 차	4일 차	5일 차
오늘의 환경 활동:	오늘의 환경 활동:	오늘의 환경 활동:
8일 차	9일 차	10일 차
오늘의 환경 활동:	오늘의 환경 활동:	오늘의 환경 활동:
13일 차	14일 차	15일 차
오늘의 환경 활동:	오늘의 환경 활동:	오늘의 환경 활동:
18일 차	19일 차	20일 차
오늘의 환경 활동:	오늘의 환경 활동:	오늘의 환경 활동:
23일 차	24일 차	25일 차
오늘의 환경 활동:	오늘의 환경 활동:	오늘의 환경 활동:
28일 차	29일 차	30일 차
오늘의 환경 활동:	오늘의 환경 활동:	오늘의 환경 활동:

당월 탄소 발자국:	내가 줄인 탄소 발자국:

지구를 구하는 가계부를 채워라!

한 달간 지구를 구하는 가계부의 다양한 활동을 실천해보고, 나의 지구 저금통에 돈이 얼마나 모이는지 확인해봅시다.

육식 줄이기와 에너지 절약하기, 제로 웨이스트, 소비 줄이기의 각 파트에서 하나의 활동을 수행할 때마다, 아래의 동전을 색칠해보세요.

색칠한 총 금액이 얼마인지를 통해, 내가 한 달간 얼마나 다양하고 많은 실천을 수행했는지 살펴보고 SNS에 공유해보면 어떨까요?

육식 줄이기(단계별 채식 실천)

폴로
유제품, 달걀, 조류, 어류까지 먹고 붉은 고기는 피하는 채식을 실천해보자.

페스코
달걀과 유제품 그리고 생선까지만 섭취하고 닭고기는 피해보자.

락토오보
달걀, 우유, 치즈, 유제품을 함께 먹는 채식을 시도해보자.

비건
동물성 식품을 멀리한 채 오로지 채소와 과일 등 식물만을 섭취해보자.

에너지 절약하기

환경단체 후원하기
친환경 에너지 정책을 실현하기 위해 공신력 있는 환경단체에 후원과
지지 서명을 해보자.

전기 사용량 줄이기
전월 전기 사용량을 확인 후 다음 달 전기 사용량을 10% 줄이는 도전을
해보자.

엘리베이터 없이 살아보기
자본주의적 편리함이 노화를 촉진한다. 엘리베이터 대신 계단을
이용해보자. 건강해지고 화석연료 사용도 줄일 수 있다.

적정 온도에서 생활하기
계절의 추위와 더위는 자연스러운 것. 냉방(26~28℃), 난방(18~20℃)
내에서 3일 동안 생활해보자.

자동차 사용 최소화하기
걷기, 자전거, 대중교통, 카풀도 좋다. 주말 여가를 차 없이 동네 공원에서
보내보는 건 어떨까?

제로 웨이스트

플로깅

플로깅을 해보자. 거창할 필요 없다. 10L, 20L 쓰레기봉투에 만족할 만큼 쓰레기도 줍고, 산뜻한 마음으로 산책도 즐겨보면 어떨까?

재사용하기

버리기 전까지는 쓰레기가 아니다. 고장 난 물건은 고쳐 쓰고, 구멍 난 양말은 걸레로 다시 쓰자. 창의력을 발휘하면 물건의 수명을 늘릴 수 있다.

용기내!

잠재적 쓰레기를 줄여보자. 텀블러, 장바구니, 다회용품 등으로 용기내 챌린지를 해보자.

거절하기

일회용 수저, 물티슈, 생수병, 영수증 등 불필요한 물건을 거절해보자. 손수건을 챙기면 티슈를 거절할 수 있고, 텀블러를 챙기면 일회용 컵을 거절할 수 있다.

재활용하기

꼼꼼하게 재활용하자. 택배 상자의 송장과 테이프는 떼고, 일회용기의 라벨지도 떼고 버리자. 썩는 쓰레기는 화단 등에 퇴비로 활용해보자.

나눔하기, 양도받기

한 번 태어난 물건이 오래 쓰이도록 양도받거나 나눠주자. 중고 거래,
중고가게 이용도 모두 포함된다.

친환경 인증 제품 이용하기

녹색 잎이 달린 초록색 동그라미가 붙은 상품을 애용하자. 식품에서는
유기농·무농약 제품이, 공산품에서는 환경표지 인증 제품이 있다.

하루 예산 가계부 쓰기

하루 적정 예산을 짜서, 매일 가계부를 써보자.

신용카드 사용 안 하기

번 돈 보다 적게 쓰는 습관의 시작은 신용카드 사용 안 하기부터 비롯된다.

저금통에 동전 _____개가 모였습니다.
벌써 부자가 된 기분이지 않나요?
당신의 작은 실천이 지구에 이만큼이나 도움이 될 수 있답니다.

따라 하다 보면 돈이 쌓이는 친환경 소비 라이프

지구를 구하는 가계부

초판 1쇄 발행 2024년 4월 24일

지은이 최다혜 · 이준수
펴낸이 성의현
펴낸곳 (주)미래의창

편집진행 민승환
디자인 공미향
그림 구희

출판 신고 2019년 10월 28일 제2019-000291호
주소 서울시 마포구 잔다리로 62-1 미래의창빌딩(서교동 376-15, 5층)
전화 070-8693-1719 **팩스** 0507-0301-1585
홈페이지 www.miraebook.co.kr
ISBN 979-11-93638-17-0 03320

※ 책값은 뒤표지에 있습니다.

생각이 글이 되고, 글이 책이 되는 놀라운 경험. 미래의창과 함께라면 가능합니다.
책을 통해 여러분의 생각과 아이디어를 더 많은 사람들과 공유하시기 바랍니다.
투고메일 togo@miraebook.co.kr (홈페이지와 블로그에서 양식을 다운로드하세요)
제휴 및 기타 문의 ask@miraebook.co.kr